미래의 부자인 _____ 님을 위해
이 책을 드립니다.

MZ세대를 위한
금융수업

MZ세대를 위한
금융수업

초판 1쇄 발행 | 2024년 04월 26일
초판 2쇄 발행 | 2024년 10월 15일

지은이 | 장슬기
펴낸이 | 박영욱
펴낸곳 | 북오션

주　소 | 서울시 마포구 월드컵로 14길 62 북오션빌딩
이메일 | bookocean@naver.com
네이버포스트 | post.naver.com/bookocean
페이스북 | facebook.com/bookocean.book
인스타그램 | instagram.com/bookocean777
유튜브 | 쏠쏠TV·쏠쏠라이프TV
전　화 | 편집문의: 02-325-9172　영업문의: 02-322-6709
팩　스 | 02-3143-3964

출판신고번호 | 제 2007-000197호

ISBN 978-89-6799-812-7 (03320)

*이 책은 (주)북오션이 저작권자와의 계약에 따라 발행한 것이므로 내용의 일부 또는 전부를
　이용하려면 반드시 북오션의 서면 동의를 받아야 합니다.
*책값은 뒤표지에 있습니다.
*잘못 만들어진 책은 구입하신 서점에서 교환해 드립니다.

똑 부러지지만 금융지식이 약한

장슬기 지음

MZ세대를 위한
금융수업

북오션

두 번째 금융서적을
펴내며

한 권에 다 담기는 모자랐다. 2022년 첫 도서인《알아두면 돈이 되는 금융생활 꿀팁 50》을 펴낸 후 인생 첫 책이라는 기쁨과 감격스러움에 젖어있던 것도 잠시, '금융이라는 무한한 영역이 200여 페이지 안에 모두 담겼을까' 하는 아쉬움이 뒤따랐다. 세상이 변하는 만큼 금융도 변한다. 10여 년간 금융만 취재했던 기자 입장에서도 금융은 계속해서 배우고 경험해야 하는 어려운 분야다.

결국 쉴 틈도 없이 두 번째 책을 펴냈다. 첫 번째 책이 금융소비자 전반을 대상으로 한 꿀팁 위주였다면, 두 번째 책은 우리나라 경제의 주축을 맡고 있는 2030세대, 일명 MZ 세대로 불리는 젊은 층을 대상으로 했다.

의무교육으로 꼽히는 초등학교·중학교·고등학교엔 '금융'이라는 과목이 없다. 경제라는 큰 틀 안에서 돈의 흐름을 배우긴 하지만, 실생활에서 써먹을 수 있는 금융상식은 배울 수 있는 곳이 마땅치 않다. 최근 2030세대를 중심으로 가계빚이 급증하고 있다는 통계도 이와 무관하지 않다. 돈을 어떻게 써야 하는지, 어떻게 모아야 하는지 제대로 배워본 적이 없기 때문이다.

웹상에서 〈슬기로운 금융생활〉을 연재하며 중점을 뒀던 것은 단 하나, 독자들이 최대한 쉽게 금융을 이해하도록 쓰는 것이다. 어려운 용어는 최대한 빼도록 노력했다. 돌아가신 아버지가 빌린 돈은 반드시 내가 모두 갚아야 하는지, 카드사들은 대체 내 한도를 왜 줄였는지, 내 차가 침수 피해를 입었다면 어떻게 보상을 받아야 하는지 등 실생활에서 꼭 필요한 금융활용법들을 모아봤다. 이 책이 우리나라의 미래를 책임질 젊은이들에게 소소하게나마 현명한 길잡이가 돼주길 기대한다.

Thanks to

두 번째 책을 펴내기까지 응원과 지원을 아끼지 않은 한국경제TV 선후배를 비롯해 취재에 많은 도움을 주신 국내 금융사 관계자분들, 그리고 바쁜 아내에게 투정 한 번 부리지 않은 남편, 항상 내 편인 부모님과 동생, 묵묵하게 응원해 주시는 시부모님, 엄마가 지칠 때마다 말 대신 환한 미소로 무한한 힘을 주는 아들 지후에게 감사한 마음을 전합니다.

Chapter 1
모르면 손해 보는 금융지식

Chapter 2

데이터로 보는 금융트렌드

Chapter 3
어려운 금융 이해하기

Chapter 4

알아두면 쏠쏠한 보험 활용법

Chapter 1

모르면
손해 보는
금융지식

카드, 이렇게 써야 연말정산 유리하다

"신용카드 쏠까? 체크카드 쏠까?"

연말정산 시즌이 되면 머리부터 아프죠. 연말정산은 말 그대로 지난 1년간 내가 번 소득과 그에 해당하는 세금을 제대로 냈는지 세액을 정산하는 것을 의미하는데요. 연말정산을 잘 하면 '13월의 보너스'가 될 수 있지만 자칫하면 돈을 토해내야 하는 슬픈 상황이 발생할 수도 있습니다. 그중 가장 관심이 높은 부분은 바로 카드 소득공제일 것입니다. 신용카드와 체크카드, 각각 어떻게 써야 연말정산에서 유리

할까요?

너무 적게 쓰면 못 받는
카드 소득공제

먼저 카드로 소비한 금액은 얼마나 공제를 받을 수 있는지 알아야겠죠. 카드는 신용카드와 체크카드로 각각 구분되는데, 신용카드는 15퍼센트, 체크카드의 경우 30퍼센트가 적용됩니다. 체크카드에는 선불충전카드와 지역화폐도 해당되며, 현금영수증도 동일하게 30퍼센트 소득공제를 받을 수 있습니다.

카드 사용자라면 무조건 소득공제 혜택을 받을 수 있는 걸까요? 카드 소득공제를 받으려면 1년 동안 카드로 쓴 금액이 연 소득의 25퍼센트를 넘어야 하는 기준이 있습니다. 연 소득의 25퍼센트를 넘긴 카드사용액부터가 소득공제 대상이라는 의미입니다.

예를 들어 연 소득 4천만 원인 직장인이 카드 소득공제를 받고 싶다면, 4천만 원의 25퍼센트인 1천만 원을 넘게 카드로 써야 그 초과분부터 소득공제를 받을 수 있습니다. 만약 1년간 신용카드와 체크카드를 합해 1700만 원을 썼다면,

소득의 25퍼센트에 해당하는 1천만 원을 제외한 700만 원이 카드 소득공제 대상이 됩니다.

그렇다고 무한대로 모든 금액을 공제해주는 것은 아닙니다. 카드 소득공제의 경우 한도가 정해져 있습니다. 총 급여가 7천만 원 이하인 경우 300만 원까지, 총 급여가 7천만 원을 초과하는 경우에는 250만 원까지만 공제를 해줍니다. 공제 한도에 잘 맞춰서 사용해야 합니다.

카드 소득공제, 황금비율이 있다

신용카드보다 체크카드의 소득공제율이 2배나 높은데, 체크카드만 왕창 사용하면 연말정산 때 더 유리하지 않을까요? 그렇진 않습니다. 카드 소득공제를 위한 '황금비율'이 있습니다.

연말정산에서는 카드 결제 순서와 상관없이 신용으로 사용한 금액 먼저 공제가 되기 때문입니다. 연 소득 25퍼센트까지 사용한 금액은 신용카드로 결제한 부분이 먼저 차감되고, 이후 연 소득 25퍼센트를 초과한 금액에 대해서는 차감되고 남은 신용카드액을 공제, 체크카드 금액은 나중에 공제됩니다.

때문에 공제율이 높은 체크카드나 현금(현금영수증)을 많이 사용한다고 해도 연 소득의 25퍼센트 이내 금액까지는 높은 공제율이 의미가 없는 겁니다. 때문에 연 소득 25퍼센트까지는 신용카드를 써서 체크카드보다 높은 카드 자체의 혜택을 받고, 연 소득의 25퍼센트 초과분부터는 공제율이 높은 체크카드나 선불카드, 지역화폐, 현금을 사용하는 것이 카드사용 황금비율로 꼽힙니다.

소득공제 안 되는 항목은
카드혜택으로 챙겨야

실제로 황금비율에 따라 썼을 때 어떤 효과가 있는지 예시를 들어보겠습니다. 만약 연 소득 4천만 원인 직장인이 1년간 1500만 원을 사용했다면? 신용카드와 체크카드 사용비율에 따라 공제액이 어떻게 달라지는지 계산해보겠습니다.

① 신용카드로만 1500만 원 사용했을 때:
총 급여액의 25퍼센트인 1천만 원을 제외한 500만 원

× 15퍼센트(신용카드 소득공제율)

= 75만 원

② 체크카드로만 1500만 원 사용했을 때:

총 급여액의 25퍼센트인 1천만 원을 제외한 500만 원

× 30퍼센트(체크카드 소득공제율)

= 150만 원

③ 신용카드 1000만 원, 체크카드 500만 원 사용했을 때:

총 급여액의 25퍼센트인 1천만 원을 제외한 500만 원

× 30퍼센트(신용카드 먼저 소득공제인 만큼 체크카드 소

득공제율 적용)

= 150만 원

세 가지 케이스로 봤을 때 전부 체크카드를 사용하거나
신용카드와 체크카드를 섞어 사용했을 때 공제액이 같습니
다. 하지만 신용카드 혼합사용이 추천되고 있는 것은 통상
체크카드보다 신용카드의 할인혜택이 더 크기 때문입니다.
특히 공과금과 같이 카드 소득공제에서 제외되는 항목들은
제휴할인을 받을 수 있는 카드를 선택해 알뜰소비를 완성할
수 있습니다.

카드 열심히 썼는데, 공제액은 얼마 안 된다고요? 카드 소득 공제에는 공과금과 같이 제외되는 항목들이 있습니다. 국세나 지방세, 아파트관리비, 도로 통행료, 전기요금, 수도요금, 도시가스요금 등의 공과금은 공제 제외항목입니다. 또한 면세물품 구입비나 상품권 등 유가증권 구입비, 월세 등도 공제에서 제외됩니다. 아울러 어린이집이나 유치원, 초·중·고등학교, 대학교 등 교육비도 공제에서 제외됩니다. 다만 사설학원비는 카드 소득공제가 가능합니다.

돌아가신 아버지가 빌린 돈, 내가 갚아야 한다고?

40대 직장인인 A 씨, 돌아가신 아버지가 사망 전에 B 캐피탈에서 대출을 받아 자동차를 구입한 사실을 알고, B 캐피탈에 채무내역을 문의했다. 이후 B 캐피탈이 A 씨를 상대로 "돈을 갚으라"며 채권추심을 해왔다.

금융권에서 분쟁이 가장 많은 부분 중 하나, 바로 채권추심입니다. 말 그대로 '돈을 갚아라'라고 요구하는 금융회사의 행위입니다. 특히 사망인과 관련된 채무 상속과 관련해선 분쟁이 굉장히 많지만, 정작 이런 상황에서 어떻게 대처해 나가야 할지 모르고 있는 상속인들도 상당합니다. 실제 금융감독원에 접수된 민원사례를 중심으로 채권추심에 대한 대응방안을 알려드립니다.

추심회사에 '상속포기' 통보해야

A 씨의 사례와 같이 돌아가신 부모님이 남긴 채무를 떠안게 되는 자녀들이 많습니다. 금융회사는 민법 등 상속 관련 법령에 따라 상속인에게 추심을 할 수 있습니다. 민법에서는 사망으로 상속이 개시되고, 상속인은 상속 개시부터 피상속인의 재산에 관한 포괄적 권리의무를 승계한다고 규정돼 있기 때문입니다.

때문에 이 같은 사례를 불법 부당한 추심행위로 단정할 수는 없습니다. 다만 금감원은 해당 민원에 대해 상속인의 사정 등을 감안, 상속결정 시효인 3개월 전까지 추심을 자제하도록 조치했습니다.

만약 상속인이 채무를 상환할 의사가 없다면 채무상속 개시가 있는 것을 안 날부터 3개월 이내에 한정승인 또는 포기를 하고, 해당 사실을 서면 등으로 금융회사에 꼭 통지

해야 합니다.

상속포기 사실을 알렸는데도 추심이 계속되거나, 금융회사가 상속인 재산으로 변제하도록 강요한다면 이는 '채권의 추심에 관한 공정한 법률' 위반 행위에 해당됩니다. 이 경우에는 금감원에 민원을 제기하거나 수사기관에 신고해 도움을 받을 수 있습니다.

연락없다고 상환 미룬다면?
'이자폭탄'

두 번째 사례입니다. 30대 주부 B 씨는 C 대부업체에서 2천만 원을 대출했다가 상환이 어려워 원금을 1500만 원으로 감면하기로 대부업체와 구두합의했습니다. 며칠 후 해당 대부업체는 B 씨의 대출채권을 또 다른 대부업체에 매각했다고 통보했고, 이후 B 씨는 한동안 업체로부터 채권추심 연락을 받지 않아 상환을 미루게 됩니다. 하지만 B 씨는 법원으로부터 그간의 원리금과 연체이자를 포함해 2200만 원을 상환하라는 지급명령서를 받게 됩니다.

이 사례에는 몇 가지 포인트가 있습니다. 먼저, 채무액 감면에 대한 구두합의는 대출채권 매수인에게 대항력이 없기 때문에 채무감면을 인정받을 수 없습니다. 무조건 서면증빙을 남겨야 합니다. 또한 대부업체가 연체이자 등을 바로 추심하지 않았다고 해서 채무가 소멸하는 것은 아니기 때문에 주의할 필요가 있습니다.

대출채권은 금융회사 간 매각이 가능합니다. 장기 연체 시에는 연체기간이나 대출조건에 따라 원금을 초과하는 이자를 상환해야 할 수도 있으니 유의할 필요가 있습니다. 실제 일부 대부업체는 고의로 채권추심을 미루다 소멸시효 완성 직전에 지급명령 등을 통해 고액을 요구하는 경우가 있기 때문에 '성실채무 상환'에 주의를 기울여야 합니다.

오래된 대출이면 안 갚아도 된다?

50대 자영업자인 C 씨는 7년 전 D 저축은행에서 대출을 받고 상환을 못 한 적이 있는데, 7년이 지나 법원으로부터 지급명령을 받았습니다. 하지만 주변에서 "대출소멸시효인 5년이 지났으니 갚을 필요가 없다"고 조언해주는 말에 아무런 조치를 취하지 않다가 결국 추심회사로부터 영업용 통장이 압류됩니다.

소멸시효는 시간이 지나면 자동으로 완성되는 것이 아니라, 채무자가 법적으로 '소멸시효의 완성'을 주장해야 인정됩니다. 직접 주장하지 않으면 시효가 살아날 수 있습니다. 때문에 기한 내 법원에 대출채권의 소멸시효가 완성됐다는 것을 주장하지 않으면 민사소송법에 따라 채무자가 채무를 인정한 것으로 확정판결됩니다. C 씨의 사례처럼 통장 압류 등의 채권추심 행위는 불법이 아닌 것으로 되겠죠.

이에 대해 금감원은 "채무자는 본인의 기억에만 의존하지 말고 한국신용정보원의 '본인신용정보 열람서비스'에서 소멸시효 완성 여부 등을 확인해야 한다"며 "법원의 지급명령을 송달받은 날로부터 2주 이내에 지급명령을 한 법원에 이의신청을 해야 한다"고 설명했습니다.

만약 법정 최고금리를 초과하는 연 20퍼센트 이상의 고금리를 업체에서 요구한다면? 금감원은 미등록 대부업자로부터 불법추심 피해가 있거나 법정 최고금리 초과대출로 인한 피해자 구제를 위해 대한법률구조공단과 함께 '채무자대리 및 소송'을 무료로 지원하고 있습니다.

금감원 불법사금융신고센터를 통해 접수하면 대한법률구조공단 변호사가 채무자를 대신해 채권추심행위에 대응해주고, 이와 관련한 반환청구소송이나 손해배상소송 등을 대리해줍니다. 이밖에 대출계약과 관련한 위법성이나 소송 등 기타 법률상담도 받을 수 있습니다.

신고방법	
인터넷	FAX 02-3145-0279
전화 02-3145-8529	우편 · 방문 서울특별시 영등포구 여파대로 38

출처: 금융감독원 홈페이지

자식 버리고
사망보험금만 받아간 부모

양육 의무 이행하지 않은 부모도
자식 보험금 받을 권리가 있다?

숨진 아들의 사망보험금을 노리고 54년 만에 나타난 선원 김 씨의 친모 사건으로, 잠자고 있던 '구하라법'이 다시 고개를 들고 있습니다. 자녀의 양육 의무를 저버린 부모가 자녀의 재산을 상속받지 못하도록 하는 내용을 담은 법안으로, 지난 2019년 사망한 가수 구하라 씨의 친모가 유산 상속을 위해 20여 년 만에 찾아온 사건을 따 일명 구하라법으로 불리게 됐습니다. 하지만 여전히 국회 문턱을 넘지 못한 구하라법, 양육 의무를 다하지 않은 부모가 자식의 보험금만 받아가는 게 과연 합당한 일일까요?

민법상
직계비속·존속이 우선 상속

수면 위로 드러난 두 사건 외에도 상속권을 둘러싼 분쟁은 상당히 많습니다. 특히 가입자가 사망했을 때 사망보험금을 지급하는 종신보험의 경우 더욱 그렇습니다.

실제 남편과 이혼 후 홀로 딸을 키웠던 김 모 씨. 딸이 교통사고로 사망했는데, 30년간 딸을 부양하지 않고 심지어 빈소에도 나타나지 않았던 전 남편이 나타나 딸의 사망보험금 수령을 주장합니다. 김 씨의 딸은 종신보험에 가입해 있었는데, 수익자가 법정상속인으로 지정돼 있어 직계가족인 아버지에게도 상속권이 있다는 사실을 알아챈 겁니다. 결국 전 남편은 딸을 부양하는 데 어떠한 경제적 도움도 주지 않다가, 딸이 사망한 후 2억여 원의 보험금만 타갔습니다.

답답함이 밀려오는 사례지만, 안타깝게도 이 같은 불합리한 상속을 막을 길은 현재로선 없습니다. 사망보험금 수익자가 '법정상속인'으로 돼 있을 경우 상속인 순위는 1순위 직계비속 및 배우자, 2순위 직계존속 및 배우자, 3순위 형제자매 순입니다. 만약 사망자가 미혼이라 배우자와 자녀가 없을 경우 자동으로 2순위인 아버지와 어머니에게 각 50퍼센트씩 상속 권리가 생깁니다.

54년 만에 나타난 선원의 친모, 20여 년 만에 나타난 구하라 씨의 친모 모두 이 같은 상속법을 등에 업은 셈입니다.

국회에 쌓인 구하라법

현행법상 상속인이 되지 못하는 결격사유는 다섯 가지로 추려집니다. 피상속인과 직계존속·배우자 등에 대한 살인, 살인미수, 상해치사, 사기와 강박을 통한 유언 방해, 유언서 위조·변조·파기입니다. 이 경우를 빼고는 민법을 통해 상속권을 보호하고 있습니다.

하지만 최근 드러난 사건들로 '아이를 양육하지 않은 부모는 아이가 세상을 떠났을 때 남기고 간 상속금이나 보험금의 상속 자격이 없다'는 여론이 거세지면서, 국회에서도 구하라법 통과를 촉구하는 목소리가 높아지고 있습니다.

2020년 발의됐지만 2024년 3월 현재까지 국회에 계류돼 있는 구하라법은 민법 제1004조 '상속인의 사유'에 '피상속인의 직계존속으로서 피상속인의 복리를 현저히 해치는 등 양육 의무를 중대하게 위반한 경우'를 추가해 양육하지 않은 부모의 상속 자격을 박탈하는 내용을 담고 있습니다.

여기에 최근에는 '피상속인의 직계혈족 또는 배우자로서 피상속인에 대해 유기·학대한 자'를 추가하는 개정안도 추가 발의돼 있는 상황입니다.

법안 구체화 속도 내야

이와 유사한 내용을 담은 공무원 재해보상법·공무원연금법은 이미 2020년 국회 본회의를 통과해 현재 시행 중입니다. 재해유족급여를 받을 수 있는 공무원이나 공무원이었던 사람이 숨졌을 경우, 양육 책임이 있던 부모가 이를 이행하지 않은 경우에는 그 유족에게 급여 전부 또는 일부를 지급하지 않을 수 있도록 하는 내용을 담고 있어 '공무원 구하라법'으로 불리기도 합니다.

하지만 민법의 경우 법 개정에 대한 필요성과 공감대는 형성돼 있지만, 아직 넘어야 할 산이 많습니다. 어느 선까지 양육 의무로 봐야 하는지, 중대하게 위반한 경우 등의 범위를 어떻게 법적으로 구체화할지는 여전히 논의 대상입니다.

생명보험협회에 따르면 2022년 한 해 동안 국내 보험사들이 지급한 사망보험금만 3조 원에 달합니다. 공무원뿐만 아니라 민간인의 피해 방지책 마련이 시급한 이유입니다.

2022년 제주 해상에선 죽은 새끼를 보내지 못하고 사체를 업고 다니던 한 남방큰돌고래가 포착돼 화제가 된 바 있습니다. 죽은 새끼를 빼앗기지 않으려고 등과 앞지느러미 사이에 사체를 이리저리 옮겨가며 힘겹게 이동하는 모습이었습니다. 돌고래도 모성애가 있습니다.

사망보험금의 경우엔 상속재산과 달리 '불합리한 상속'을 막을 수 있는 방법이 있습니다. 종신보험에 가입할 때 수익자를 특정인으로 미리 지정하는 '수익자 지정제도'를 활용하는 것입니다. 대다수의 가입자들이 수익자를 법정상속인으로 지정하는데, 만약 가족 간의 특별한 사유가 있는 경우 미리 수익자를 지정해놓으면 법정상속인 여부와 상관없이 수익자로 지정된 사람에게 보험금이 지급됩니다.

카드사는
누구의 한도를 줄였을까

"1000만 원이었던 신용카드 한도,
새해 들어 200만 원으로 확 줄었습니다"

2022년부터 신용카드 한도가 크게 줄어드는 '날벼락'을 맞았다는 사례가 심심치 않게 나타나고 있습니다. 1000만 원이었던 한도가 반토막나거나, 심한 경우 200만 원까지 급격하게 축소되면서 자금줄이 막혔다는 불만의 목소리들이 이어지고 있죠.

하지만 카드사들이 모든 사람들의 한도를 줄인 것은 아

닐 겁니다. 카드사들은 어떤 이들의 한도를 대체 어떤 이유
로 줄인 걸까요?

1000만 원에서
절반으로 '뚝'

사건의 발단은 지난 2022년 말부터 시작됩니다. 신한, 삼
성, KB국민, 현대, 롯데, 우리 등 국내 주요 카드사들은 연
말 카드 회원들의 이용 한도 점검에 나섭니다. 신용카드 표
준약관과 모범규준에 따라 카드사들은 연간 1회 이상 정기
적으로 회원에게 부여된 이용한도 적정성을 점검할 수 있습
니다.

때문에 이번 한도 축소가 한 해에만 특정된 일은 아닙니
다. 카드사들은 매년 이용한도 적정성 점검을 통해 일부 회
원에 대해서는 한도 조정을 해왔습니다. 그런데 2022년 특
히 문제가 된 것은 한도 축소 폭과 규모가 예년보다 커졌기
때문입니다.

기존 1000만 원대 이용한도가 부여됐던 회원들 중 이달
부터 200만~500만 원대로 급격하게 축소된 사례가 대표적
입니다. 사실상 신용카드로 결제할 수 있는 금액이 절반 가

량 줄어든 셈입니다. 최근 온라인 커뮤니티에는 '한도하향 문자를 받았다'는 글들이 연이어 올라오고 있습니다.

'여기' 해당되면
한도조정 대상

그렇다면 카드사들은 어떤 회원들의 한도를 축소한 걸까요? 카드사들은 기본적으로 월 평균 결제 능력과 신용도, 이용실적 등을 파악한 뒤 이용자의 한도를 조정합니다. 특히 가장 중요한 지표가 되는 것은 연체율입니다. 사용한 금액 만큼 제때 결제가 이뤄졌는지, 혹 수개월 이상 카드값을 갚지 못해 연체가 이뤄진 경우는 없는지 등이 점검 대상이 됩니다.

실제 카드사들을 대상으로 취재해본 결과 2023년 역시도 연체 여부가 중요한 지표가 됐습니다. 특징적인 것이 있다면 바로 '리볼빙 서비스' 사용 여부입니다. 일부 카드대금만 결제하고 나머지 금액은 다음 달로 이월하는 '이월약정서비스'인데, 일부 카드사는 리볼빙 서비스 실적도 이용한도 조정에 영향을 줬다고 설명합니다. 해당 서비스를 이용하는 경우에도 최소금액 결제비중이 적고, 이월된 금액이 불어난 경우 한도 조정 대상자가 될 수 있다는 설명입니다.

한 가지 더 중요한 조건은 바로 '다중채무' 여부입니다. 카드뿐만 아니라 다른 2금융권 대출이 있는 경우 카드사 입장에서는 위험률이 높은 사람으로 평가됩니다. 예를 들어 A 저축은행에 신용대출이 있는 상태에서 B 카드사의 카드론을 이용하고 있는 경우 다중채무자로 인식, 이번 한도 조정 대상에 포함된 겁니다.

특히 흥미로웠던 부분은 바로 '가상자산 결제' 내역입니다. 가상자산 시장이 활성화되면서 해외 거래소 중 가상자산의 카드 결제가 가능한 곳들이 있죠. 일부 카드사들은 해외에서 가상자산 결제 이력이 있는 경우 현 금융시장 상황에서는 리스크가 높다고 판단해, 한도 조정 대상에 포함된 경우가 있다고 설명했습니다.

카드사
"불가피한 사전 예방 조치"

카드사들이 2023년부터 여러 기준을 적용하며 보다 엄격하게 한도를 줄이는 이유는 뭘까요? 먼저 리스크 예방 차원입니다. 전 세계적으로 금리 인상 기조가 이어지면서 채권금리, 즉 카드사들이 자금을 조달하는 금리 역시 올랐습니다.

예를 들면 1년 전 3퍼센트대 금리로 자금을 조달하던 카드사들이 현재는 5~6퍼센트의 금리로 자금을 조달해오고 있다는 설명입니다. 소비자들에게 돈을 빌려주기 위해서는 충분한 유동성 확보가 중요한데, 그 환경이 열악해진 겁니다.

여기에 시장금리 상승으로 현금서비스나 카드론 등 카드대출 금리도 오르고 있는 상황입니다. 카드대출 금리뿐만 아니라 은행의 주택담보대출은 물론 제2금융권인 저축은행의 신용대출 금리마저 고공행진 중입니다. 보통 여러 금융기관에 채무가 있는 경우 금리 인상으로 이자 부담이 커지면, 최후의 수단인 일명 '카드 돌려막기'로 연명하는 사람들 역시 늘게 됩니다.

카드사 입장에선 결국 연체자가 늘어나게 되는 것이고, 이는 곧 카드사의 부실로 이어질 가능성이 크겠죠. 이번 이용한도 조정의 폭이 컸던 것도 부실을 막기 위한 선제조치 중 하나라는 것이 카드사들의 설명입니다.

물론 이 같은 조치로 인해 갑작스레 자금운용에 애로가 생긴 금융소비자들도 늘었을 것으로 추정됩니다. 하지만 다

른 금융기관과 달리 예적금 판매 등 수신기능이 없는 카드
사 입장에선 한도를 축소해 카드 이용 기준을 강화하는 것
만이 예방책이 될 수 있다고 토로합니다.

카드 이용한도 조정으로 한도가 축소된 이용자들은 전체의 10퍼센트 내외로 추정되고 있습니다. 반대로 한도의 변동이 없는 이용자들이 대다수라는 의미입니다. 그렇다면 카드사로부터 '위험 인물'로 찍히지 않은 이용자들의 특징에는 어떤 것들이 있을까요.

이 역시 가장 중요한 것은 연체 유무입니다. 결제대금을 밀리지 않고 잘 갚는 것이 사실상 가장 중요한 포인트겠죠. 카드 이용한도에 근접하게 사용하는 것도 신용도에 좋지 않은 영향을 끼친다고 카드사들은 설명합니다.

예를 들어 월 이용한도가 500만 원인데 매달 495만 원씩 한도 직전까지 사용하는 경우, 카드사 입장에서 잠재적 위험 인물로 평가할 수 있습니다. 한도에 맞춰 꽉 채워쓰기보다는 일정 수준 남겨놓은 뒤 일부는 다른 결제수단을 이용할 수 있도록 카드소비 계획을 세워야 합니다.

나만 몰랐나?
연간 116만 원 아끼는 방법

퇴근 후 마트에서 필요한 생필품과 저녁식사로 먹을 고기 조금, 채소와 과일 몇 가지 카트에 담고 계산대로 갔더니… 왜 20만 원이 넘는 걸까요?

2022년 정부가 교통비 인상 소식을 전했습니다. 2023년 8월부터 시내버스 요금은 300원, 10월부터는 지하철 요금이 150원 각각 인상됐습니다. 전기요금도 오르고 교통비도 오르고, 여기에 식탁물가까지…. 우리는 정말 월급 빼고 다 오르는 세상에 살고 있습니다. 그렇다고 대중교통을 이용

안 할 수도 없고, 전기를 안 쓸 수도 없죠. 수돗물처럼 줄줄 새는 고정비 지출을 아낄 수 있는 방법은 없을까요? 모르면 손해 보는 '정부 지원책'을 알아봅시다.

연간 최대 79만 원이나 할인 가능한 알뜰교통카드

대중교통 이용이 잦은 대학생이나 직장인들에게 필수템으로 꼽히는 카드가 있죠. 바로 알뜰교통카드입니다. 알뜰교통카드는 대중교통비 지출에 부담이 큰 서민들의 교통비를 절감하고 친환경 교통수단 활성화를 동시에 추진하기 위해 정부의 정책 기반으로 운영되는 카드입니다.

때문에 정부와 지방자치단체가 전 국민을 대상으로 마일리지 형태로 지원금을 제공하고, 여기에 카드사가 추가로 대중교통 요금 할인혜택을 더 얹어줘 교통비를 절감할 수 있습니다.

알뜰교통카드는 대중교통을 이용할 때 걷거나 자전거로 이동한 거리(최대 800미터)에 비례해 최대 20퍼센트의 마일리지를 지급하고, 카드사가 약 10퍼센트의 추가 할인을 제공해 대중교통비를 총 30퍼센트 아낄 수 있습니다. 혜택 대상자는 월 15회 이상 대중교통을 이용하는 사람입니다.

먼저 원하는 카드사에서 알뜰교통카드를 발급받고, 마일리지를 지급받기 위한 알뜰교통카드 앱을 설치한 뒤 회원가입을 합니다. 집에서 출발 전 앱에 접속해 출발 버튼을 누른 뒤 대중교통을 이용한 후 도착지에서 도착 버튼을 누르면 거리에 이동거리에 따라 마일리지가 지급됩니다.

기존에는 월 최대 44회까지만 지급이 가능했는데, 2022년 하반기부터 월 최대 60회까지, 60회 이상부터는 마일리지 적립액이 높은 순으로 적용됩니다. 미세먼지 저감조치 발령이나 식목일 등 환경과 관련된 날에는 마일리지가 2배로 지급됩니다.

마일리지 적립금 역시 기존 월 최대 4만 8천 원에서 월 6만 6천 원으로 확대됐습니다. 최대치로 적립받을 경우 연간 79만 원이나 절약할 수 있게 됩니다.

경차 타고 다닌다면?
유류세 환급카드로 30만 원 절약

알뜰교통카드와 마찬가지로 경차 운전자들의 필수카드가 있죠. '경차 유류세 환급카드'입니다. 경차 유류세 환급은 경차 운전자들이 이 카드로 전국 모든 주유소와 충전소에서 결제하면 유류세를 일정 금액 돌려받는 제도입니다.

이 제도는 2008년 도입된 정부지원 정책으로 2023년 말까지 연장 운영 중에 있습니다. 휘발유와 경유는 리터당 250원, LPG는 리터당 161원 환급되며, 유류세 환급 한도는 2022년 연간 20만 원에서 연간 30만 원으로 확대됐습니다. 유류결제 금액 기준은 1회 6만 원, 1일 12만 원까지 가능합니다.

경차 유류세 환급카드는 신한카드와 현대카드, 롯데카드 중 1곳에서 신청해 발급받을 수 있습니다. 이 카드 역시 알뜰교통카드와 같이 카드사들이 주유, 대중교통, 차량정비, 쇼핑 등에 다양한 추가 혜택을 제공하고 있는 만큼 개인의 소비패턴에 따라 선택해 발급받을 수 있습니다.

탄소실천 함께할 수 있는 '그린카드'

에코머니를 아십니까. 에너지 절약이나 다양한 친환경 활동을 했을 때 마일리지 혜택으로 돌려주는 포인트 리워드 서비스입니다. 에코머니를 제대로 활용하기 위해선 '그린카드'를 발급받으면 됩니다.

가정에서 전기나 수도, 도시가스 등을 절약했을 때 환경부와 각 지자체에서 에코머니를 주는 탄소포인트제가 대표적인 에코머니 활용법입니다. 거주지역에 맞는 홈페이지를 방문, 전기와 수도, 가스 요금고지에 나와있는 고객(관리)번호를 입력해 회원가입한 후 그린카드를 발급받으면 됩니다. 고정비를 절약할 때마다 비율에 따라 에코머니 포인트를 받을 수 있고, 그린카드를 이용해 친환경매장에서 친환경제품을 구매할 때에도 포인트를 적립할 수 있습니다.

일상 속 작은 활동으로 돈을 벌고 싶다면, 한국환경공단에서 제공하는 '탄소중립실천포인트'를 활용할 수도 있습니다. 탄소중립실천포인트 홈페이지에서 회원가입을 하면 실천 다짐금으로 5천 원을 지급받고, 전자영수증 발급이나 텀블러 사용 등 일상 속 환경을 지키는 활동을 실천하면 1인당 연 최대 7만 원까지 카드포인트 또는 현금으로 전환해 받을 수 있습니다.

이 같은 정부지원책은 혜택을 받을 수 있는 연간 한도가 모두 같지만, 카드사들이 추가로 제공하는 혜택은 각각 다르기 때문에 '어느 카드사에서 발급받느냐'에 따라 혜택 차이가 있을 수 있습니다.

예를 들어 알뜰교통카드나 경차 유류세 환급 카드의 경우 정책지원을 받을 수 있는 환급 한도는 정해져 있지만, 각 카드사별로 대중교통 할인이나 마트 할인, 편의점 할인, 차량정비 서비스 제공 등 추가 혜택이 각각 다르기 때문에 내 일상 소비습관을 고려한 뒤 비교해서 발급받는 것이 좋습니다.

참고로 각 카드사별 혜택을 받기 위한 '전월실적' 기준에는 할인받은 금액은 포함되지 않으니 실적계산 시 주의해야 합니다.

예비엄마를 위한
태아·어린이보험 A to Z

"태아보험과 어린이보험은 따로 가입해야 하나요?
언제 가입하는 게 좋을까요?"

　대한민국은 현재 '출산율 0명대'입니다. 아이를 낳지 않는 인구가 늘면서 출산율은 급격하게 떨어지고 있지만, 그만큼 귀해진 아이들이라 부모들의 자녀보험에 대한 관심은 더 높아지고 있습니다. 내 자녀의 미래를 위해 미리 보험에 가입해주고 싶지만 태아보험, 어린이보험, 자녀보험 등 명칭도 천차만별입니다. 자녀를 위한 보험, 언제 어떻게 가입해야 하는 걸까요?

태아보험과 어린이보험 차이는?

어린이를 피보험자로 하고 부모를 보험계약자로 하는 어린이보험. 부모가 보험계약자인 만큼 다른 명칭으로 자녀보험이라고 칭하기도 합니다. 자녀의 성장과정 중 발생하는 위험에 대비하기 위한 보험으로, 출생 후 언제든지 가입 가능합니다.

그런데 일부 엄마들은 뱃속에 태아 시기부터 위험에 대비하기 위해 태아보험을 찾기도 하죠.

태아보험은 따로 상품 형태로 판매되는 것이 아니라 어린이보험에 '특약' 형태로 넣어서 가입할 수 있습니다. 말 그대로 태아 상태부터, 출생 시 발생하는 위험과 성장과정 발생하는 위험에 대비할 수 있는 특약입니다. 저체중이나 선천성기형 등 태아를 위한 담보와 출산위험, 질병 등 산모를 위한 담보가 포함돼 있습니다.

쉽게 설명하면, 엄마가 임신사실을 알고 태아 상태부터 보험에 가입하면 태아보험, 출산 후 아이가 태어나고 가입하는 보험은 어린이보험으로 구분해 부릅니다. 최근에는 출생 후 이상이 발견되거나 질병, 사고 등이 발생하면 당분간 또는 영구적으로 보험 가입이 어려워질 수 있기 때문에 임신 사실을 알고난 뒤 '태아보험' 형태로 미리 가입하는 추세입니다.

태아특약은 임신 사실을 안 날부터 임신 22주 전까지 가입 가능합니다. 보통 1차 기형아 검사를 받기 전을 태아보험 가입 시기로 보고 있습니다. 보장 기간, 보장 금액에 따라 가격은 천차만별이지만 일반적으로 월 보험료 5~10만 원대가 가장 많습니다. 만약 태아 상태부터 보험에 가입했다면, 아기가 태어난 후 태아 관련 특약은 자동 소멸됩니다. 사라지는 특약만큼 보험료도 줄어드는 것도 특징입니다.

어린이보험 가입연령도 확대

그렇다면 어린이보험은 정말 어린이만 가입 가능할까요? 명칭 그대로라면 당연히 어린이만 가능하겠죠. 실제로 불과 몇 년 전만 해도 어린이보험은 20세까지만 가능했습니다. 성인은 가입할 수 없는 보험이었죠. 성인들을 대상으로 한 실손의료보험이나 건강보험이 따로 판매되고 있기 때문입니다.

하지만 문제는 어린이가 계속해서 줄고 있다는 점입니다. 1987명 1.53명이었던 대한민국 출생률은 2023년 0.72명으로 반토막이 났습니다. 어린이보험시장이 위축될 수밖에 없는 이유입니다. 이에 보험사들은 어린이보험의 가입연령을 30세까지 확대합니다. 어린이보험은 성인이 가입하는 보험에 비해 보장이 풍부하고 보험료가 최대 20퍼센트 저렴한 것이 특징입니다. 때문에 20대 청년이라면 일반 보험에 가입하는 것보다 어린이보험에 가입하는 것이 훨씬 유리하겠죠.

가입연령 확대로 20대의 어린이보험 가입 수요가 늘자, 보험사들은 가입 가능한 나이를 35세까지 확대합니다. 어린이보험에 가입하고 싶었지만 나이가 걸림돌이었던 30대 초반 직장인을 겨냥한 겁니다. 35세를 어린이라고 보긴 조금 어렵지만, 보험사들이 35세까지 가입연령을 과감하게 확대한 만큼 '어른이보험'이라는 새 명칭이 붙기도 했습니다.

하지만 보험사들이 과도하게 가입 연령을 확대해 불필요한 특약 가입이 이뤄질 수 있다고 판단한 금융당국이 제동을 걸면서, 어린이보험은 성인이 되기 전까지만 가입이 가능하도록 상품 개정이 이뤄지고 있는 상황입니다.

"미래고객 선점하자!"
어린이보험의 무서운 진화

미래고객을 미리 선점하기 위한 보험사들의 치열한 경쟁이 벌여지면서 어린이보험의 보장기간도 100세로 확대됩니다.

만약 임신을 한 엄마가 태아보험 형태로 0세부터 자녀의 보험을 가입해줬다면, 아이는 이 보험가입으로 태어나 100세가 될 때까지 보장받을 수 있는 겁니다.

보장도 계속해서 진화합니다. 미성년자 질병은 물론이고 암과 심장질환, 뇌혈관질환 등 3대 질환을 보장해주는 담보도 어린이보험에 포함된 경우가 많습니다. 여기에 독감이나 수족구병, 내향성 손발톱 등 어린이들에게 자주 발생하는 질병을 보장하기도 하죠.

어린이보험은 사회적 이슈를 반영하기도 합니다. 일부 어린이보험은 최근 문제가 되고 있는 학교폭력에 대한 피해를 보장해주기도 합니다.

보험업계에서 면책(보장을 해주지 않는)으로 꼽혀왔던 정신질환을 보장해주는 어린이보험도 등장했습니다. 최근 관심이 높아지고 있는 주의력결핍과잉행동장애(ADHD)와 행동발달장애, 성장기 어린이의 행동발달장애와 언어발달장애, 자폐증까지도 보장합니다.

보장 범위는 각 보험사 상품별로 다르기 때문에 꼼꼼한 비교가 필요합니다.

어린이보험 역시 보험상품인 만큼 주의사항이 있습니다. 최근 들어 부모들의 눈길을 사로잡는 다양한 특약들이 쏟아져 나오고 있지만, 이것저것 특약을 모두 끼워넣다 보면 당연히 보험료는 비싸질 수밖에 없겠죠. 게다가 일부 특약의 경우 시간이 지나면 보험료 역시 갱신이 되기 때문에 보험료 부담이 커집니다. 특약에 우선순위를 두고 한정된 예산에 맞춰 가입하는 것이 가장 좋습니다. 최근에는 해지환급금을 주지 않는 대신 보험료를 저렴하게 책정한 무해지환급형도 등장했습니다. 대신 해지환급금이 없기 때문에 가입기간 중도해지는 금물입니다.

어린이보험 가입 가능한 나이가 헷갈린다? 2022년 6월 28일부터는 법령 연령 계산 기준이 '만 나이'로 통일됐죠. 때문에 보험가입 연령도 바뀌는 건 아닌지 궁금해하는 가입자들이 많습니다. 보험상품 가입 시에는 만 나이와 별도로 '보험나이'를 적용합니다. 만 나이는 생일을 기준으로 다음 해 생일 맞이할 때 1세가 증가하는 방식인데, 보험나이는 보험계약일 당시 만 나이에서 6개월을 기준으로 변동합니다.

아직도 침수차
속아서 사세요?

**"중고차 구매한 지 얼마 안 됐는데 벌써부터 잔고장이…
설마 내가 고른 차가 지난 장마 때 물에 잠겼던 차량?"**

　매년 여름이면 엄청난 폭우가 쏟아지면서 곳곳에서 비 피해 소식이 들려옵니다. 장마철만 되면 물에 잠긴 '침수차량'에 대한 우려도 커지죠. 실제 2022년 수도권에 내린 집중호우로 고가의 외제차들이 대거 물에 잠기면서 안타까움을 자아냈습니다. 당시 물폭탄을 맞았던 그 차량들, 지금은 어디에 있을까요? 설마 내가 구입한 중고차가 그중 하나는 아니었는지? 중고차 매매에서 논란의 중심에 있는 '침수차' 판별법을 알아보겠습니다.

이상기후로
차량 침수 피해 매년 급증

매년 7~8월엔 본격적인 장마철이 시작되면서 쏟아지는 물폭탄에 주의를 당부하는 재난문자가 잇따릅니다. 특히 2023년은 '슈퍼 엘리뇨' 영향으로 역대급 폭우와 태풍이 예고되기도 했습니다.

실제로 이상 기후가 심화되면서 집중호우가 늘고, 그에 따른 차량 침수사고 피해도 매년 증가하고 있습니다. 보험개발원에 따르면 2018년 2923건이었던 차량 침수사고는 2020년 8968건, 2022년에는 1만 8266건으로 급격하게 늘었습니다. 특히 연간 차량 침수 피해 중 장마철 집중호우로 인한 7~10월 침수사고 비중이 93.6퍼센트를 차지합니다.

최근 5년간 침수사고는 총 3만 4334건. 이 중 수리가 불가능하거나 수리비가 차량가격을 초과하는 침수전손은 2만 5150건, 일부 손해가 발생한 침수분손은 9184건에 달합니다.

그렇다면 그 많은 침수차량들은 모두 어디로 갔을까요?

신형 차량일수록 더 위험…
'카히스토리' 검증 필수

자동차관리법에 따라 침수전손 처리된 차량은 30일 내에 폐차하도록 하고 판매는 금지됐습니다. 문제는 분손차량(일부 손해)입니다. 분손차량은 법적으로도 거래가 가능합니다. 이렇다보니 침수차량이 중고차 시장에서 무사고차량으로 둔갑해 허위 유통되는 사례도 빈번하죠.

침수차의 경우 차량부품이 물에 닿으면서 부식될 가능성이 크고 안전상 문제가 발생할 수 있습니다. 특히 전자장치가 많은 신형차량이나 전기차가 침수되는 경우에는 기능이 고장날 수 있고 더 큰 사고로 이어질 수 있는 만큼 중고차를 구입할 때 유의해야 합니다.

그렇다면 내가 산 중고차가 침수차량인지 확인할 수 있는 방법은 무엇일까요? 보험개발원은 침수차가 무사고차량으로 둔갑해 허위유통되는 것을 막기 위해 '카히스토리(www.carhistory.or.kr)' 서비스를 운영 중입니다. 카히스토리에 접속하면 '무료침수차량 조회'를 통해 침수차량 여부와 침수일자 확인이 가능합니다.

침수차
보상 프로그램도 등장

보험개발원이 운영하는 카히스토리에서는 사고이력 조회와 무료침수차량 조회, 무료폐차사고 조회, 자동차보험료 조회 등 자동차와 관련된 서비스를 무료로 이용할 수 있습니다. 차량번호와 차대번호를 입력하면 내 차량이 침수차량인지, 침수차량이 맞다면 침수일자는 언제인지 확인 가능합니다.

사고정보 이외에 주행거리나 파손부위 등 사고이력과 같은 정보도 조회할 수 있어 중고차를 거래할 때 '필수코스'로 여겨집니다. 이런 분위기에 따라 중고차업계도 여름 침수차 구입을 우려하는 고객들을 대상으로 안심 보상 프로그램을 잇따라 내놓고 있습니다.

구매 후 차량 진단 결과와 달리 침수 이력이 있는 차로 확인될 경우 차량 가격과 이전 비용 등을 전액 환불해주고 추가 보상금을 지급하는 프로그램입니다. 중고차업계 간에도 고객을 확보하기 위한 치열한 경쟁이 시작되면서 이 보상금

규모는 점점 늘고 있는 추세입니다.

더 이상 '속아서' 침수차를 구매하는 일이 없도록, 사전 확인에 공을 들일 필요가 있습니다.

만능일 것 같은 '카히스토리'에도 허점은 있습니다. 보험개발원에서 운영하는 서비스인 만큼 자동차보험 보상내역을 기초로 제공되기 때문에 자동차보험으로 처리되지 않은 사고는 확인이 불가능하다는 점입니다.

만약 직접 차를 확인할 경우에는 물로 세척하기 힘든 차량 하부의 주요 전장제품(전자제어장치 바디제어모듈 등)에 표기된 제조일과 차량 제조일을 대조해 체크해볼 수 있습니다. 또한 퓨즈 박스에 흙먼지가 쌓이거나 부식됐는지 여부, 안전벨트를 끝까지 당겼을 때 진흙 흔적이 있는지 여부, 창문을 아래로 내린 상태에서 유리 틈 사이를 조명장치로 살펴 내부 오염이 있는지 여부, 실내 매트를 걷어 바닥재가 오염됐는지 여부 등을 확인해 침수 유무를 진단할 수도 있습니다.

입이 떡 벌어지는
대출금리… 연 5천 퍼센트?

"약자의 피를 빠는 악질적 범죄자들은 자신이 저지른 죄를 평생 후회하도록 강력하게 처단하고, 필요하면 법 개정과 양형기준 상향도 추진하길 바랍니다"

2022년 윤석열 대통령이 금융감독원을 방문해 '불법사금융'을 지적하며 이같이 언급했습니다. '약자의 피를 빠는 악질적 범죄자'라고 강하게 표현할 정도로 불법사금융은 수많은 피해자를 양산하는 '금융 악(惡)'으로 꼽히죠. 특히 최근에는 청년층의 불법사금융 피해가 급증하고 있어 특단의 대책 마련이 필요하다는 목소리도 거세집니다.

법정금리 훌쩍 넘는 고금리

미성년자인 A 씨는 게임 아이템 구입을 위해 '대리입금'을 사용했습니다. SNS상에서 이뤄지는 대리입금은 청소년들의 게임 아이템, 기념품 구입비를 대신 입금해준 뒤 나중에 원금과 수고비 명목으로 거액의 이자를 받는 고금리 불법 사금융 중 하나입니다.

10만 원 안팎의 소액을 2~7일 단기간 빌려주는 대신 이자는 대출금의 20~50퍼센트 수준으로 받아내는 수법입니다. 대부분 연간 이자율 1000퍼센트 이상으로 5000퍼센트가 넘기도 합니다. 실제 금감원에 따르면 지난 2020년부터 2022년까지 대리입금 관련 불법금융 광고 건수는 총 9257건으로 매년 평균 21퍼센트 늘고 있습니다. 청소년의 경우 대출에 대한 정보나 금융 지식이 상대적으로 부족하다는 점을 악용한 겁니다.

공공기관이나 금융기관을 사칭한 불법 대출광고도 여전히 기승을 부립니다. 주택담보대출을 받기 위해 인터넷 광고를 보고 업체에 연락한 B 씨는 대출상담을 진행했는데,

업체 측에서 "대출승인을 위해 담보부동산 감정이 필요하다"며 감정비 명목으로 450만 원을 요구해 편취한 사례도 발생했습니다.

휴대전화를 개통한 대가로 현금을 받는, 일명 '휴대폰깡' 역시 그 심각성을 모르고 이용하는 피해자들이 적지 않습니다. 급전이 필요했던 C 씨는 불법업체에 휴대폰 2대를 개통해 주는 대가로 현금 200만 원을 지급받았으나, 이후 통신요금 581만 원을 납부해야 한다는 통신사의 연락을 받게 됩니다.

불법사금융 피해신고 증가세

불법사금융 척결을 오랜 기간 금융권의 숙원 과제였습니다. 하지만 경기 불황이 이어질수록 급전 마련을 위해 불법사금융을 이용하는 금융소비자는 증가하고, 이를 악용하는 범죄수법마저 교묘해져 근절이 쉽지 않았습니다. 특히 최근에는 제도권 금융사의 대출문턱까지 높아지면서 사금융으로 몰리는 소비자들이 증가하고 있죠.

정부는 지난 2022년부터 불법사금융 척결 범정부 태스크 포스(TF)를 구성해 불법사금융 특별 단속기간과 피해 특별 근절기간을 운영 중입니다. 실제 경찰청을 중심으로 불법사금융 특별단속을 실시한 결과, 2023년 1~9월 중 불법사금융 관련 검거 건수는 전년 대비 35퍼센트 증가했고 범죄수익 보전금액 역시 2.4배 증가했습니다.

불법사금융 피해신고센터를 위한 신고 건수 역시 증가세를 나타냅니다. 2023년 1~9월 중 불법사금융 관련 신고와 상담건수는 4만 7187건으로 2022년 같은 기간보다 1733건 늘었습니다.

하지만 여전히 가장 취약한 부분은 온라인을 활용한 불법사금융입니다. 현재 인터넷 불법광고 삭제와 전화번호 이용 중지, 온라인대부중개 사이트 관련 단속 등을 강화하고 있지만 한계가 있는 만큼 범정부 차원의 지속적인 척결 노력이 필요하다는 목소리가 꾸준이 제기됩니다.

'채무자 대리인 무료지원' 활용해야

그렇다면 실제 관련 피해가 발생할 수 있을 때, 구제받을 방법은 없을까요. 금융감독원은 홈페이지 내에 '불법금융신고센터'를 운영 중입니다. 유사수신이나 고금리 수취, 불법채권추심이나 대리입금 등 불법사금융에 대한 신고 접수가 이뤄집니다.

정부가 지원하는 '채무자 대리인 무료지원' 사업도 있습니다. 불법 대부업자로부터 불법 채권추심피해를 입거나 피해 우려가 있는 경우, 법정 최고금리 초과 대출을 받은 경우 피해자가 금감원 홈페이지 불법사금융신고센터 또는 대한법률구조공단을 통해 신청하면 변호사 지원을 통해 채무자 대리와 소송 등을 무료로 제공합니다.

채무자가 불법채권추심에 고통받지 않도록 법률구조공단 변호사가 채무자를 대신해 채권자에 의한 채권추심 행위에 대응하는 만큼, 채권자는 채무자를 방문하거나 전화, 문자 등을 통한 직접적 연락이 금지됩니다. 이밖에도 대출계약이나 추심의 위법성, 소송 절차안내 등 불법사금융 관련 법률상담도 제공받을 수 있습니다.

불법사금융 피해를 입지 않도록 대출 전 반드시 확인해야 할 사항을 챙겨봅시다. 금감원은 저신용자 등 금융권에서 대출이 불가피한 경우 이용 가능한 정책서민금융 상품이 있는지 여부를 우선적으로 확인해야 한다고 강조합니다.

불가피하게 대부업을 이용하는 경우 '등록업체'인지 필수로 사전 확인한 뒤 법정 최고금리를 초과하는지 여부도 체크해야 합니다. 선이자 등의 명목으로 대출 시 공제하는 금액은 원금에서 차감해 이자율을 계산하며, 중개수수료나 공증료 등 명칭에 불문하고 대출과 관련해 대부업자가 받은 돈은 모두 이자로 간주된다는 점도 중요합니다.

거래 과정 중 불법추심이나 최고금리 위반 피해가 발생했을 때에는 입출금 자료 등 거래내역을 확보하고 통화나 문자기록, 녹취 등 채권추심과정에 대한 증빙자료를 확보해 신고센터를 활용하면 됩니다.

등록대부업체 통합조회 서비스

"대부업등록 및 금융이용자보호에관한법률"에 의하여 시·도지사에 등록한 대부업체신호 대표자 사업장소재지, 전화번호 등의 정보조회가 가능합니다.

출처: 금융감독원 홈페이지

사회 나와서도 날 괴롭히는 학자금 대출

"갚아도 갚아도 끝이 없네…"

대학 졸업 후 사회에 나와서까지 오랜 기간 나를 괴롭히는 학자금 대출. 사회인이 된 후 월급을 받아도 학자금 대출 상환에 대한 부담을 지닌 사람들이 상당합니다. 최근에는 대학생들의 부담을 완화하기 위해 저금리 대출 상품이 나오기도 했지만, 과거 학자금 대출을 받았던 학생들에겐 상대적으로 고금리가 적용됐죠. 그런데 이 이자, 최대 반값까지 깎아준다고요?

5.8퍼센트 고금리,
2.9퍼센트로 바꿔준다!

"학자금 대출은 이자가 싸지 않나요?" 최근 대학을 졸업한 사회초년생들은 대부분 학자금 대출금리에 대해 '저금리 대출'로 인지하고 있습니다. 실제로 한국장학재단은 학생들의 금리 부담을 덜어주기 위해 일반 개인대출보다 저렴한 1~2퍼센트대의 저금리로 대출을 지원하고 있습니다. 하지만 과거로 거슬러 올라가면 대출금리가 지금처럼 낮지 않았습니다.

특히 2009년에서 2012년까지는 상당히 높은 금리가 적용돼 무려 5퍼센트대의 높은 금리로 학자금 대출을 받은 사람들도 상당합니다. 2008년 글로벌 금융위기 직후라 우리 경제도 크게 혼란스러웠던 시기이기 때문에, 1퍼센트대는 꿈에도 꿀 수 없는 금리였죠.

이렇게 금리 부담이 높은 대출자들을 위해 한국장학재단은 2023년 '저금리 전환대출'을 실시합니다. 대상은 2009년 7월 1일부터 2012년 12월 31일까지 상대적으로 고금리(3.9~5.8퍼센트)의 학자금 대출을 받은 사람으로, 최대 2.9퍼센트의 저금리로 전환해줍니다.

만약 입학금과 수업료 등 한 학기당 400만 원씩 네 차례 학자금 대출을 받았다고 가정해봅시다. 총 1600만 원의 학자금 대출을 원리금 균등상환으로 10년간 납입한다고 단순 계산했을 때 5.8퍼센트의 금리가 적용된다면 512만 3611원을 이자로 납입해야 하는데, 이 금리가 2.9퍼센트로 전환되면 이자는 245만 1163원으로 절반가량 줄어듭니다.

신청은 한국장학재단에서! '연체 없는 정상 계좌'만 가능

저금리 전환 신청은 한국장학재단 누리집에서 가능합니다. 본인 명의의 전자서명수단을 준비하고, 홈페이지 가입 후 전환대출 가능여부를 확인한 뒤 전환대출 지급 신청을 간편하게 할 수 있습니다.

대출 실행일까지의 대출이자는 본인 부담이기 때문에 해당 기간까지 잔고 관리는 필수입니다. 지급이 확정되면 재단 내에서 기존 대출 잔액에 대한 전액 상환처리가 이뤄진 뒤 전환이 완료됩니다. 그렇다면, 과거 고금리 학자금 대출자라면 모두 가능한가요?

위에서 언급한 2009~2012년 학자금 대출자가 기본 대상이며 별도의 성적이나 이수 학점 기준도 없습니다. 다만, 현재 잔액을 보유한 '연체 없는 정상 계좌'만 가능하며 대한민국 국민으로서 대출제한 대상자도 제외될 수 있습니다.

국내 거주의 재외국민과 해외이주 포기, 또는 대한민국에 영주귀국 후 주민등록한 경우 가능합니다. 제한 사유가 없다면, 한 푼이라도 더 아낄 수 있는 학자금 저금리 전환 신청, 당장 서두릅시다!

Chapter 2

데이터 속에 '돈'이 있다?

'하드머니' 손대는 청년들

MZ세대는 왜 전통시장에서 돈을 썼을까

'애지중지' 외산차, 사고율 더 높다

"금융플랫폼 우리 것 쓰세요"

100세 시대 아니고 '110세 시대'

이번 명절 부모님 용돈 얼마 드릴까?

"덕후들 모십니다"

데이터로
보는
금융트렌드

데이터 속에
돈이 있다?

"보이지 않는 '데이터'가 돈이 된다고요?"

25세 김 씨는 주로 서울 동대문구 지역에서 점심식사를 하고, 퇴근 후 저녁시간대에는 인근 패스트푸드점에서 햄버거를 포장해 집으로 돌아옵니다. 김 씨의 이 같은 소비패턴은 '카드 결제정보와 가맹점의 구매품목 정보'만 결합되면 충분히 파악 가능합니다.

데이터가 돈이 되는 세상. 이미 수년 전부터 금융권에선 '데이터'가 돈이 될 것이란 전망이 쏟아져 나왔고, 실제 데이터를 기반으로 한 다양한 연구들이 진행돼왔습니다. 데이터 전문가까지 등장하기도 했죠. 최근에는 단순히 데이터를 활용하는 것에서 나아가, 데이터와 데이터를 결합해 개인맞춤 서비스뿐만 아니라 상권 분석, 금융지원정책에까지 적용이 가능해졌습니다. 금융권에서 가장 핫한 먹거리로 꼽히는 데이터, 어디까지 활용이 가능할까요?

데이터 전문기관의 탄생

2022년 금융당국은 신한은행과 신한카드, 삼성카드, BC카드 등 금융사를 데이터 전문기관으로 예비지정했습니다. 데이터 전문기관은 금융회사 간 또는 비금융회사 간 가명정보를 결합하는 기관으로, 신용정보법에 따라 금융위원회가 지정합니다.

과거에는 개인의 데이터를 활용할 경우 개인정보 유출위험이 있다고 봤는데, 최근에는 이름 등을 암호화해 알고리즘 없이는 특정 개인을 알아볼 수 없도록 안전하게 가명 처리를 하는 것이 기본이 됐습니다.

예를 들어 25세, A사 직원, 홍길동 씨라는 정보는 'AG3EF8, 20대, 직장인' 등으로 처리되는 방식입니다. 금융사나 통신사 등 회사들은 데이터 전문기관에 가명정보를 전송하고, 데이터 전문기관은 이 정보들을 결합해 양사에 다시 제공하는 방식으로 데이터 결합이 이뤄집니다.

대한민국 약 5천만 명 국민들의 이름과 나이, 결제정보, 통신정보만 해도 정말 어마어마한 양의 데이터들이 생성될 텐데, 기관들은 이 데이터를 통해 어떤 것을 얻을 수 있는 걸까요?

데이터 + 데이터 = 상권 분석

금융사에 초점을 맞춰보겠습니다. 금융사들이 방대한 양의 데이터 결합을 통해 얻을 수 있는 것은? 첫째, 상권 분석 서비스입니다. 이를 위해선 가입자의 '소비패턴' 파악이 필수겠죠.

A 씨가 어떤 지역에서 어떤 물품을 주로 구매하는지, 주로 온라인에선 어떤 물품을 결제하는지 등 데이터가 모여지면 유통사 입장에선 맞춤형 상품과 서비스 추천이 가능해집니다. 스마트폰에서 내가 최근에 클릭한 상품과 유사한 물품의 광고들이 뜨는 것도 모두 이 데이터를 기반으로 한 것입니다.

미술관/화랑 세대별 이용액 증가율*

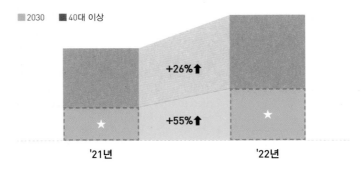

■ 2030　■ 40대 이상

+26%↑

+55%↑

'21년　　　　　'22년

주류 특화 버티컬 플랫폼 이용 추이*

+457%↑

'21년　　　　　　　　　'22년
1월　3월　5월　7월　9월　11월　1월　3월　5월　7월　9월

*'21년 vs '22년, 각 연도 1~9월, 이용 금액 기준
출처: 신한카드

금융사는 이런 데이터를 결합해 상권 분석 서비스를 제공할 수 있습니다. 예를 들어 카드사의 결제정보와 가맹점 단말기를 운용하는 밴(VAN) 사의 구매품목 정보를 접목하면, 어떤 지역에서 어떤 구매가 많이 이뤄지는지 파악할 수 있겠죠. 반대로 소비자의 특성에 맞는 서비스 추천까지 가능해집니다.

특히 금융사 중에서도 결제수단을 주사업으로 하고 있는 카드사의 데이터는 무궁무진합니다. 실제로 데이터 사업에 주력하고 있는 신한카드는 2030세대의 미술에 대한 관심이 굉장히 높아졌다는 재미있는 데이터를 내놓기도 했습니다. 신한카드 고객의 2022년 1~9월 미술관·화랑 이용액은 전년 동기보다 36퍼센트나 증가했는데, 그중 2030세대가 55퍼센트나 늘었기 때문입니다.

데이터 + 데이터 = 대출상품

데이터 결합을 통해 개발할 수 있는 것, 바로 대출심사모형입니다. 금융사들은 기본적으로 신용정보를 통해 대출자의 대출한도, 금리 등을 산정합니다. 하지만 최근에는 비금융정보로도 대출을 해줄 수 있는 다양한 대출심사모형들이 개발되고 있죠. 대표적인 사례가 바로 온라인 소상공인 대출입니다.

특히 포털 입점 등 온라인 사업자들의 대출심사는 일반 사업자들보다 까다로울 수밖에 없겠죠. 온라인 사업자의 정보에 신용평가사의 정보 등 다양한 데이터를 결합하면 전통적인 신용평가에서 대출을 받기 어려웠던 사업자들도 새로운 맞춤형 대출심사 모형을 통해 대출이 가능해질 수 있는 겁니다. 반대로 금융사 입장에선 새로운 틈새시장을 노릴 수 있는 또 하나의 수익사업, 즉 '돈'이 될 수 있겠죠.

더 나아가 데이터 결합은 금융지원정책에도 활용될 수 있습니다. 예를 들어 정부에서 취약계층에 대한 지원책을 마련할 때, 금융취약계층의 대출금리나 잔액 등 대출 정보에 신용평가사의 신용평점정보들을 결합하면 취약계층에 대한 대출 현황 분석이 가능해지고, 맞춤형 금융지원정책을 수립할 때 기초자료로 사용이 가능해집니다.

금융소비자들이 피부로 느낄 수 있는 데이터 활용 서비스는 없을까요? 바로 금융권 대표 서비스로 자리잡고 있는 '마이데이터(본인신용정보관리업)'입니다. 시중은행은 물론 보험, 카드, 증권, 핀테크 기업들 다수가 마이데이터 사업에 뛰어든 상황입니다.

은행 대출정보뿐만 아니라 보험 계약정보, 카드 결제내역, 투자내역 등 필요한 정보를 한 번에 불러 모아 한눈에 비교할 수 있고, 모자란 부분을 채워주는 투자 포트폴리오 분석 서비스까지 제공받을 수 있습니다. 금융당국은 마이데이터 서비스를 명실상부한 '내 손 안의 금융비서'로 발전시키기 위해 마이데이터 정보 제공 범위를 확대해 나간다는 방침입니다.

다만 데이터 활용도 과유불급입니다. 불필요하게 많은 기관에서 가입을 한다거나, 원치 않는 정보제공에 동의하지는 않았는지 주의할 필요가 있습니다. 서비스 가입 전 명칭이나 약관명을 꼭 확인하고, 내게 필요한 금융회사와 항목만 선택적으로 동의하는 주의를 기울여야 합니다.

'하드머니'
손 대는 청년들

고금리 '하드머니'도 마다 않는 청년들이 늘었다

잇따른 금리·물가 인상과 높아진 은행 문턱으로 제2금융
권을 찾는 청년들이 나날이 늘고 있습니다. 하지만 제2금융
권 대출의 경우 은행보다 금리가 높아 이자부담이 상당한,
그야말로 '하드머니'로 불리고 있어 부실 우려 역시 커지고
있습니다. 한국경제의 가장 '약한 고리'로 지목되고 있는 청
년층의 대출 실태를 조명해봤습니다.

문턱 높은 은행 대신
저축은행으로

한국은행이 발표한 '금융안정상황'에 따르면 2023년 2분기 청년층의 1인당 신용대출은 1457만 원, 전세자금대출을 포함한 주택 관련 대출 규모는 5504만 원으로 집계됐습니다. 특히 청년층의 주택 거래 관련 대출규모는 역대 최대치입니다.

문제는 최근 은행의 대출 문턱이 높아지면서 다소 낮은 신용점수로도 대출을 받을 수 있는 제2금융권으로 발길을 돌리는 청년들이 늘었다는 점입니다.

국회 정무위원회 소속 홍성국 의원이 저축은행 32곳의 연령대별 개인신용대출을 분석한 결과 전체 신용대출 차주 수는 2023년 6월 말 기준 184만 8천 명으로 전년 같은 기간보다 8만 명 이상 늘었습니다. 특히 30대의 경우 49만 6천 명으로 1년새 2만 명이 증가했습니다.

신용대출 잔액 역시 증가세를 나타냅니다. 20대 이하 신용대출 잔액은 2023년 2분기 기준 2조 2천억 원으로 5년 전과 비교했을 때 무려 100퍼센트 급증했습니다. 같은 기간 30대의 신용대출 잔액 역시 7조 1천억 원으로 163퍼센트 증가했습니다.

20대 이하
저축은행 연체율 6.9퍼센트

　제2금융권으로 발길을 돌릴 경우, 가장 우려되는 것은 바로 '고금리'입니다. 저축은행이나 상호금융권, 카드사 대출의 경우 저신용자의 금리 상한이 평균 17~18퍼센트대까지도 적용되는 만큼 이자 부담이 상당합니다. 2023년 9월 기준 국내 저축은행의 실제 대출에 적용된 금리 중 최고 상한선은 19.77퍼센트입니다.

　이렇게 금리가 높다 보니 제2금융권에서 돈을 빌린 뒤 제대로 갚지 못하는 청년층도 크게 늘고 있습니다. 홍성국 의원실이 저축은행 32곳의 연체율을 분석한 결과, 2023년 2분기 기준 20대 이하 연체율은 6.9퍼센트로 이는 2022년 같은 기간보다 1.6퍼센트포인트 급등한 수치입니다. 30대의 경우에도 같은 기간 1.3퍼센트포인트 오른 5.6퍼센트를 기록했습니다.

　이와 관련해 홍 의원은 "1금융권에서 과거 저금리로 빚을 낸 '이지머니' 차주들이 늘어난 이자 부담에 고통받고 있다면, 2금융권에서는 현재 은행권 문턱을 넘지 못해 '하드머니'도 마다않는 중·저신용자들이 생존을 건 사투를 벌이고 있다"고 분석했습니다.

때문에 청년층은 한국경제의 가장 약한 고리로 꼽힙니다. 실제 이 기간 취약차주 비중은 청년층이 7.2퍼센트로 다른 연령층보다 높고, 잠재 취약차주 비중은 무려 17.8퍼센트를 차지합니다. 현재 드러난 수치보다 앞으로 우려되는 대출부실 위험이 더 크다는 의미입니다.

개인회생 신청 청년층도 급증

실제 빌린 돈을 갚지 못하고 개인회생을 신청하거나 금융채무 불이행자가 된 청년층도 큰 폭으로 증가했습니다. 금융채무 불이행자의 경우 금융기관에서 대출한 후 90일 이상 대출이자를 연체한 경우를 말합니다.

국회 기획재정위원회 소속 진선미 의원실에 따르면 2023년 6월 말 기준 29세 이하 연령대의 금융채무 불이행자는 9만 5천 명, 30대는 13만 5천 명에 달하는 것으로 나타났습니다. 전년 말과 비교했을 때 20~30대 금융채무 불이행자는 1만 7천 명이나 증가했습니다.

20~30대의 개인회생 신청 건수 역시 같은 기간 2만천 5244건으로 집계됐습니다. 20대는 8447건, 30대는 1만 6797건입니다. 지난 2021년 20~30대의 전체 연간 신청건수가 3만 6248건이었다는 점을 고려하면 연간 총 신청 건수는 이를 훌쩍 넘어설 것으로 추정됩니다.

특히 당분간 고금리 기조가 상당 기간 이어질 것으로 예측되고 있어 상환능력이 떨어지는 청년층의 증가가 불가피하다는 게 금융권의 시각입니다.

슬기로운 TIP

최근 이런 상황을 방증하듯 만기를 채워야 혜택을 받을 수 있는 '청년희망적금'마저 해지율이 30퍼센트를 넘어섰습니다. 전문가들은 당장 금융기관에서 빌린 돈을 갚지 못한다면, 최대한 낮은 금리로 갈아타는 것이 최선책이 될 수 있다고 조언합니다.

서민들의 급전창구로 활용되는 소액 마이너스통장, 이른바 '비상금대출'이 금융권 대환대출 플랫폼에 입점됩니다. 대출 갈아타기를 지원하는 대환대출 플랫폼은 금융사 간 금리 비교가 쉽고, 이를 통해 금융사 간 경쟁을 촉진시키는 효과가 있어 청년층을 위한 전용상품이나 우대금리 등을 적용받을 수 있습니다. 또한 2023년부터는 32개 금융사가 참여하는 대출비교 플랫폼 앱이 운용돼, 스마트폰으로도 금리와 조건을 비교해 유리한 상품으로 갈아탈 수 있게 됩니다. 계획 없이 급하게 고금리로 받은 대출이 있다면 '대환대출'을 적극 활용해 금리를 비교한 뒤 이자부담을 줄일 수 있습니다.

이밖에도 금융위는 청년층이 청년희망적금을 만기까지 유지할 수 있도록 적금담보부대출을 운영하고, 햇살론 유스 정책상품 이용 시에는 우대금리를 지원하는 방안을 추진 중입니다. 만 19~34세 이하, 연소득 3500만 원 이하의 청년층이나 대학생, 대학원생, 중소기업에 1년 이하 제작 중인 청년층은 서민금융진흥원을 통해 햇살론 유스 지원여부를 확인할 수 있습니다.

MZ세대는 왜
전통시장에서 돈을 썼을까

전통시장 매출상승 주요 요인은 MZ 고객 유입

최근 한 카드사가 전통시장의 매출 데이터를 공개했습니다. 외식물가지수가 가파르게 오르면서 상대적으로 저렴하게 식사를 할 수 있는 전통시장 방문 고객이 늘고 있다는 내용인데, 놀랍게도 전통시장의 매출은 중장년층이 아닌 MZ세대가 이끈 것으로 나타났습니다. MZ세대는 왜 전통시장에서 돈을 썼을까요. 카드사의 매출데이터를 통해 MZ세대의 소비습관을 들여다보겠습니다.

전통시장 찾는 MZ,
5년 만에 10배 늘었다

BC카드 신금융연구소가 2019년 1~4월부터 2023년 1~4월까지 총 5년간 전국 주요 전통시장 15곳에서 발생된 매출 데이터를 분석한 결과, 전통시장 매출은 코로나19 발생 직후인 2021년을 기점으로 매년 가파른 증가세를 기록하고 있는 것으로 나타났습니다.

특징적인 부분은, 같은 기간 마트와 음식점의 매출 회복세는 전통시장에 비해 상대적으로 더뎠다는 점입니다. 지난 4월 발표된 외식물가 지수는 117.5로, 2020년 12월부터 29개월 연속 상승 중입니다. 특히 외식물가 상승률은 7.6퍼센트로 소비자물가 상승률(3.7퍼센트) 대비 2배 이상 벌어져 외식에 대한 부담이 가중되고 있습니다.

이 가운데 보다 저렴한 식사와 생필품 구매가 가능한 전통시장 방문이 꾸준히 증가하고 있는 것으로 카드사는 분석했습니다. 실제 전통시장을 방문하는 고객은 5년 전 대비 42퍼센트, 연 평균 9퍼센트씩 증가세를 보이고 있습니다.

이런 높은 증가세를 이끄는 것은 중장년층이 아닌 바로 MZ세대. 최근 레트로 열풍으로 향수를 자극하는 장소나

간식들이 MZ세대 중심으로 큰 인기를 끌면서 전통시장이
'MZ세대들의 놀이터'로 변화했다는 분석입니다.

시장별로 보면, 2019년 대비 2023년 충남 예산시장을 방
문한 MZ고객의 증가율은 934퍼센트, 무려 10배 가량 늘었
습니다. 충남 예산시장은 최근 백종원 더본코리아 대표가
리뉴얼을 주도한 곳이죠. MZ세대 사이에서 충남 예산시장
은 '핫플'로 자리 잡았고, 실제 많은 고객들이 방문한 것으
로 확인됐습니다. 뒤이어 서울 황학동 서울중앙시장도 MZ
고객 증가율이 무려 117퍼센트, 강원 강릉중앙시장은 70퍼
센트, 제주 동문시장은 25퍼센트, 서울 망원시장은 18퍼센
트 각각 증가했습니다.

케이크 대신
'떡·한과' 찾는다

MZ세대의 레트로 열풍은 다른 데이터에서도 찾아볼 수
있습니다. KB국민카드가 가맹점 수 1천 개 이상을 보유한
디저트업종의 최근 4년간(2019년 대비 2022년) 매출액을 분
석한 결과, 떡과 한과업종의 증가율이 66퍼센트로 가장 높
았습니다. 뒤이어 와플·파이(65퍼센트), 아이스크림·요거

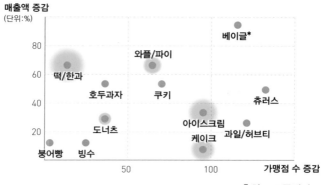

매출액 증감
(단위:%)

베이글*

와플/파이

80

60

떡/한과

호두과자

쿠키

츄러스

40

아이스크림

20

도너츠

케이크   과일/허브티

붕어빵   빙수

50   100   **가맹점 수 증감**

트(36퍼센트), 도너츠(29퍼센트), 케이크(7퍼센트) 순으로 나타났습니다.

떡이나 한과는 일반적으로 중장년층이 선호하는 간식으로 알려져 있죠. 실제 떡과 한과업종의 매출 비중은 50대와 60대 이상이 60.3퍼센트로 압도적이긴 하나, 2019년 대비 2022년 떡과 한과 업종의 연령대별 매출액 비중 변화를 보면 20대의 매출액 비중이 2.2퍼센트포인트 증가해 타 연령 대비 가장 많이 확대된 것으로 나타났습니다.

실제로 MZ세대 사이에선 떡이나 약과 등의 먹거리가 일명 '할매니얼 간식'으로 불리며 새로운 트렌드로 자리잡았습니다. MZ세대들 사이에선 약과 맛집 공유가 확산되기도 하고, 이를 구매하기 위한 이른바 '약게팅(약과+티켓팅)'이

유행 중이기도 합니다. '하나를 먹어도 건강하고 든든하게'
라는 인식에 따라 전통 디저트의 인기가 높아지고 있는 것
으로 업계는 분석하고 있습니다.

'사진관' 있는 곳에 MZ가 있다

데이터로 살펴보는 MZ세대의 소비습관, 전통시장과
떡·한과에 이어 MZ세대가 많은 돈을 쓰는 곳은 어디일까
요. 바로 '사진관'입니다. 대출 전문 빅데이터 핀테크기업인
핀다가 상권 분석 플랫폼을 통해 매출 데이터를 분석한 결
과 서울의 명동, 강남역, 홍대입구역 등 주요 상권에서 사진
관업종 전체 매출 중 90퍼센트는 20~30대가 차지하고 있
었습니다.

과거 20여 년 전 '스티커 사진'이 열풍이었다면, 최근 몇
년간 '인생네컷'으로 불리는 즉석 사진과 프로필 사진 촬영
등이 큰 인기를 끌었죠. 여기에 연예인이나 운동선수들의
전유물로 여겨졌던 '바디 프로필'도 사실상 유행처럼 번지
면서 사진은 MZ세대의 대표 놀이문화로 자리 잡았습니다.

실제로 이런 인기에 힘입어 무인 셀프 사진관과 전문 스

튜디오 모두 빠르게 늘고 있는 것으로 나타났습니다. 국세청에 따르면 2022년 기준 사진관 업체 수는 1만 8742곳으로 2018년 1만 3404곳과 비교해 5년 사이 5천 곳 이상 증가했습니다. 강한 자기표현 욕구로 사진에 아낌없이 지갑을 여는 MZ세대 덕에 사진관은 '핫플'로 불리며 빠르게 성장하고 있습니다.

"그렇다면 나는 어디서 돈을 가장 많이 쓰고 있을까?" 과거에는 가계부를 통해 한 달간 소비처를 일일이 정리해봤다면, 최근에는 금융앱이 '마이데이터'를 활용해 자동으로 소비습관을 분석해줍니다. 은행이나 카드사, 보험사 등 금융기관은 물론 네이버, 카카오, 토스 등 빅테크와 핀테크사 등 총 64개 마이데이터 사업자가 운영하는 각각의 앱을 통해 이 같은 소비데이터 분석이 가능합니다.

마이데이터 서비스 가입 후 나의 자산을 등록·연결하면 지난해 또는 지난달보다 얼마나 지출을 많이 했는지, 주요 소비처는 어디인지 간편하게 확인이 가능합니다. 특히 최근엔 소비리포트 외에도 AI를 접목한 분석이나 신용관리 리포트 등 다양한 분석 서비스도 제공되고 있습니다.

금융사만 데이터를 관리하게 둘 순 없겠죠. 금융사가 모아준 데이터를 나 스스로도 적극 활용해봅시다.

'애지중지' 외산차,
사고율 더 높다

비싸게 주고 산 고급 외산차,
보험사는 싫어한다?

누구든 비싼 돈을 지불하고 산 물건은 애지중지 아끼기 마련이죠. 하지만 의외로 값비싼 외산 자동차가 사고율이 높다는 재미있는 통계가 나왔습니다. 사고율이 높은 차량은 보험사에서 싫어하기 마련이죠. 벤츠나 BMW를 몰게 되면 정말 조심조심 상처 하나 안 나게 다룰 것 같은데, 사고율이 높은 이유는 무엇일까요?

5년식 이하 새 차, 외산차가
사고율 더 높아

자동차보험을 취급하고 있는 손해보험사들의 차량가액별 자차담보 사고율을 분석한 결과, 5년식 이하 국산차의 2022년 기준 전체 사고율은 9.0퍼센트, 5년식 이하 외산차는 10.3퍼센트로 나타났습니다. 5년식 이하인 개인용 자동차를 대상으로 통계를 낸 만큼 사고율이 전반적으로 높지는 않지만, 국산차보다 외산차보다 오히려 사고율이 높은 것을 확인할 수 있습니다.

차량가액으로 나눠서 보더라도 5천만 원 초과 7500만 원 이하 차량도 국산차의 사고율은 10.4퍼센트, 외산차는 10.6퍼센트로 근소한 차이지만 외산차 사고율이 더 높았습니다. 1억이 넘는 고가 차량의 경우에는 국산차 사고율이 7.7퍼센트, 외산차는 10.6퍼센트로 그 차이는 더 커집니다.

1억 5천만 원을 넘는 초고가 차량의 경우엔 어떨까요. 국산차의 사고율은 20.4퍼센트, 외산차는 9.3퍼센트로 국산차의 사고율이 급격히 높아집니다. 하지만 이는 1억 5천만 원이 넘는 국산차가 적은 '모수'의 영향으로 비율이 높아지는 효과로 분석됩니다. 1억 5천만 원이 넘는 국산차는 54

대, 외산차는 1만 8521대로, 대수에서 이미 큰 차이가 나기 때문에 사고율이 더 높게 잡힐 수밖에 없는 겁니다.

속도 즐기는 젊은 층, 외산차 구매 늘어

그렇다면 애지중지 아낄 것 같은 고가의 외산차는 왜 사고율이 더 높은 걸까요. 여러 손해보험사의 사고율 통계치를 분석해본 결과 테슬라, BMW와 같은 '운전 재미'가 있는 차량들의 사고율이 상대적으로 높은 편에 속하는 것으로 나타났습니다. 게다가 최근에는 젊은 층의 외제차 구입이 늘면서, '속도감'을 즐기는 운전자가 늘어난 만큼 외산차 사고율에 영향을 줬을 것이란 분석입니다.

비싼 만큼 더 소중하게 다룰 수밖에 없겠죠. 국산차에 비해 외산차의 보험처리가 더 많기 때문이란 분석도 있습니다. 외산차는 전반적으로 고가 차량이 많은 만큼 경미한 긁힘에도 보험사에 사고처리를 접수하는 경우가 더 많다는 설명입니다.

실제로 이번 조사 대상인 5년식 이하 개인용 차량 자동차보험 전체 사고율은 9.2퍼센트인데 국산차 전체 사고율은

9.0퍼센트로 평균치보다 낮고, 외산차는 10.3퍼센트로 평균치를 웃돕니다. 해당 통계 출처가 보험업계인 만큼 실제 사고 빈도수가 더 높다고 직관적으로 해석할 순 없겠지만, 보험처리를 하는 차량은 외산차가 확실히 더 높다고 볼 수 있습니다.

보험사가 외산차를 반기지 않는 이유

사고로 인한 보험접수가 많다는 것은 보험사 입장에서 손해율이 높다는 의미겠죠. 사고가 나지 않을수록 보험사에겐 좋은 차, 사고가 많을수록 보험사에겐 손해가 큰 차량이 되겠습니다. 실제로 우리나라 자동차 수리비용은 국산차의 경우 건당 평균 83만 6천 원, 외산차는 174만 3천 원으로 2배 가량 차이가 납니다. 외산차 보험료가 국산차보다 비싼 이유기도 하겠죠.

2022년 8월 수도권에 쏟아진 집중호우로 침수차량이 늘었을 때에도 침수 피해 건은 국산차가 외산차보다 2배 이상 많았지만, 손해액은 외제차 비중이 훨씬 높았던 것으로 나타났습니다. 때문에 이 시기 자동차보험 손해율이 90퍼센트에 달하기도 했습니다.

업계에서는 외산차의 지나치게 높은 부품비 때문에 수리비 부담이 큰 것으로 보고 있습니다. 손보업계에서는 이를 해결하기 위해 자동차 부품 상시 공급제도를 주장해오기도 했지만, 외산차 제조사들의 서비스 공급망 관리가 국내만큼 원활하지 않아 가격 안정화는 쉽지 않아 보입니다. 대체부품 활용 방안도 꾸준히 거론되고 있지만 사실 외산차 차주 입장에선 선호하지 않기도 하죠. 외산차 수리 부담을 줄이기 위한 여러 방안이 지속적으로 논의될 전망입니다.

무분별한 부품비 지급을 줄이기 위해 정부는 자동차보험 표준약관에 경미손상에 대한 수리기준을 담았습니다. '경미손상'은 자동차 기능과 안전성을 고려할 때 부품교체 없이 복원이 가능한 손상을 의미합니다. 단순 스크래치나 문콕 등 가벼운 접촉사고의 경우 부품교체 대신 복원수리를 시행하는 게 주요 골자입니다. 경미손상 수리기준의 자세한 사례가 궁금하다면 보험개발원 홈페이지 내에서 손상유형별 수리기준, 유형별 수리방법 등을 확인할 수 있습니다. 사고 관련 영상이나 사진 등 관련 서류를 홈페이지에 제출하면 정확한 상담 서비스도 가능합니다.

"금융플랫폼 우리 것 쓰세요"

보험금 청구에 헬스케어 서비스까지 탑재…
"상품도 추천 받으세요"

　금융플랫폼이 나날이 진화하고 있습니다. 최근에는 마이데이터가 도입되면서 은행과 보험, 카드업권 경계가 무의미할 정도로 하나의 앱에서 모든 금융업무가 가능해졌죠. 각 금융사별로 여러 앱을 설치해 사용해도 되지만, 금융소비자 입장에서 너무나 많은 앱은 피로도를 높이기도 합니다. 때문에 웬만한 서비스가 한 번에 가능한 '만능 앱'이 소비자들의 사랑을 독차지할 수밖에 없습니다. 금융권에서 치열하게 진행 중인 플랫폼 경쟁을 들여다보겠습니다.

"너희 앱은 몇 명이나 써?"

플랫폼 앱 경쟁에서 가장 중요한 것은 당연히 금융사들이 보유하고 있는 고객 수입니다. 어떤 기업이든 '고객 수는 곧 실적'이라는 공식이 성립되죠. 하지만 최근 플랫폼 앱 경쟁의 기준이 되는 지표는 월간활성이용자수(MAU)입니다. 한 달간 얼마나 많은 사람들이 앱을 이용했는지, 순수 이용자 수를 나타냅니다.

금융권에서는 토스 앱이 MAU 강자로 꼽힙니다. 토스는 계좌조회나 송금과 같은 토스뱅크를 통한 기본 금융서비스에 더해 보험청구서비스나 만보기, 행운퀴즈 등 포인트를 제공하는 다양한 부가서비스까지 탑재돼 있어 금융권의 대표 '만능앱'으로 불립니다. 앱 통계 분석기관인 모바일인덱스에 따르면 2023년 6월 기준으로 MAU 1500만 명을 넘어서며 굳건한 1위를 지키고 있습니다.

이 기간 경쟁사인 카카오뱅크 앱은 1369만 명으로 2위를, KB국민은행의 스타뱅킹 앱은 1222만 명, 신한은행의

SOL(쏠) 앱은 940만 명을 각각 나타냈습니다. 여기에 최근에는 네이버파이낸셜이 본격적인 '원스톱 금융플랫폼' 진출을 알리면서 더욱 치열한 경쟁이 예고되고 있습니다. 네이버의 MAU는 3900만 명 수준으로 사실상 대부분의 국민이 사용하는 앱으로 꼽히는데, 네이버파이낸셜은 이 시너지를 통한 MAU 증대 효과를 기대하고 있습니다.

금융앱으로
만보기에 유전자 검사까지

금융앱은 어디까지 진화했을까요. 금융앱 강자인 토스는 만보기 기능을 통해 사용자들에게 혜택을 제공합니다. 일정 걸음 수를 충족할 때마다 포인트를 주는 방식입니다. 내 차보험료를 조회할 수 있고, 금리가 낮은 대출로 비교와 갈아타기도 가능합니다. 토스증권 서비스를 비롯해 실손보험금 청구 서비스까지 탑재됐습니다.

금융이 어촌과 만나다? 떠오르는 금융사가 있죠. 바로 수협은행입니다. 수협은행도 최근 치열하게 펼쳐지는 금융권 모바일 앱 주도권 경쟁에 참여했습니다. 어촌특화 비금융서비스 '바다GO!'입니다. 해안관광과 낚시 정보, 수산물 쇼핑 등에 대한 정보를 제공하는 것이 특징입니다.

금융앱으로 유전자 검사가 가능해진다는 것, 알고 계셨나요. 금융서비스를 제공했던 뱅크샐러드 앱은 최근 탈모, 다이어트, 체질량, 영양소, 피부 등 63종의 유전자 검사 서비스까지 제공합니다. 검체키트가 배송되면 입안 양쪽을 긁어 용액에 넣고 회사로 보내주는 방식입니다.

여행자를 위한 금융앱도 등장합니다. 하나카드가 출시한 '트래블로그' 앱은 출시 1년 만에 가입자 수 200만 명을 돌파하며 큰 인기를 얻고 있습니다. 트래블로그는 여행 특화 앱으로 18종의 통화 환전은 물론 여행비용 정산 기능, 해외여행과 관련된 쇼핑과 면세점 혜택, 여행자보험 가입까지 가능해 MZ세대 사이에서 여행 필수앱으로 꼽히고 있습니다.

보험사인 롯데손해보험은 디지털 전환을 위해 '앨리스'와 '원더'까지, 한 해에만 두 가지의 앱을 내놓기도 했습니다. MZ세대를 타깃으로 한 '앨리스' 앱은 보험이 어렵다는 틀을 깨기 위해 다양한 컨텐츠를 녹여 쉽고 간편하게 보험 가입부터 조회, 보험금 청구까지 모든 서비스를 담았습니다. 이어 출시한 '원더' 역시 '누구나 설계사가 될 수 있다'는 캐치프레이즈로 보험 청약 전 과정이 모바일로 가능하도록 구현해 혁신성을 높게 평가받고 있습니다.

비용 들어도…
"서비스 포기 못 해"

금융앱에 다양한 서비스를 탑재하다 보니 웃지 못할 해프닝도 벌어집니다. 토스앱의 '혜택' 탭을 누르면 이번주 미션, 행운복권, 라이브쇼핑, 행운퀴즈 등 소정의 미션만 수행하면 무료로 포인트를 주는 다양한 서비스들이 안내됩니다. 그중 '친구와 함께 토스켜고'라는 일명 '함토켜' 서비스는 블루투스를 통해 주변 토스 이용자를 검색해주고, 해당 이용자들을 클릭하면 포인트를 제공하는 토스의 대표 인기 서비스입니다.

'함토켜'는 토스의 대표 인기 서비스인 동시에 대표적인 적자 서비스로도 알려져 있습니다. 이용자들의 앱 접속을 늘리기 위해 탑재한 서비스인데, 급격하게 늘어난 토스앱 이용자 수로 포인트 지급액이 점점 늘고 있어 웃지도 울지도 못 할 상황에 놓였다는 설명입니다. 금융사 입장에선 MAU를 늘리기 위해 일정 부분 비용 부담을 감내해야 하는 겁니다.

플랫폼 주도권을 확보하기 위한 금융사 간 기싸움도 감지됩니다. 최근 토스 앱 내에서 제공하는 '병원비 돌려받기

(실손보험 청구)' 서비스 중 삼성화재 가입자들의 병원비 청구만 중단돼 있습니다. 삼성화재 측은 토스 서비스 중단 이유에 대해 "개인정보 보안과 보상서비스 품질향상을 위해 해당 서비스를 통한 접수를 받고 있지 않다"고 설명했습니다. 다만 일각에서는 삼성 금융계열사들이 힘을 합쳐 만든 금융앱 '모니모'가 별도로 있는 만큼, 모니모로 서비스를 집중해 효율성을 높이기 위한 전략도 있을 것으로 보고 있습니다.

슬기로운 TIP

생활서비스 외에 금융앱에서 쏠쏠하게 활용할 수 있는 서비스가 하나 더 있습니다. 바로 '국민비서' 서비스입니다. 국민비서는 건강검진 안내나 운전면허 적성검사 갱신, 교통범칙금과 교통과태료 납부기한 안내, 국세고지서 발송 등 정부부처가 발송하는 안내문이나 고지서 내용을 알려주는 서비스입니다. 종이 대신 앱으로 간편하게 확인이 가능해 행정처리 편의로 이어진다는 평가를 받고 있습니다. 행정정보 알림 종류는 지속 추가될 예정이며 나아가 국민비서 상담 서비스까지 가능해질 전망입니다.

100세 시대 아니고
'110세 시대'

이제는 100세 시대가 아니고 '110세 시대'다!

　의학 기술 발전과 함께 초고령화 사회 진입이 본격화되면서 인간의 기대수명이 110세까지 확대됐습니다. 100세 시대는 옛말, 이제는 110세 시대라고 해도 과언이 아닙니다. 이 같은 시대적 변화를 보다 명확하게 파악할 수 있는 지표가 있는데, 바로 금융상품입니다. 특히 질병이나 상해 등을 보장하는 건강보험의 트렌드를 자세히 살펴보면, 우리가 어떤 시대에 살고 있는지 명확하게 파악할 수 있습니다.

110세 시대에 쏟아진 금융상품들, 어떻게 변화하고 있는지 살펴보겠습니다.

110세까지 사망보험금이 오른다

최근 110세 시대를 직관적으로 표현한 보험상품이 출시됐습니다. 매 5년마다 보험가입금액의 10퍼센트씩, 최대 110세까지 사망보험금이 늘어나는 구조의 보험입니다.

만약 40세에 이 보험에 가입했다면 최대 사망보험금은 가입금액의 230퍼센트에 달하게 됩니다. 가입기간이 늘어날수록 보장자산의 실질 가치가 증가하기 때문에 물가상승 위험에 대비할 수 있다는 평가도 나옵니다.

기존 보험들은 보장 기준이 대부분 '100세'였습니다. 불과 몇 년 전만 해도 인간의 기대수명이 100세까지 늘어났다는 것을 방증이라도 하듯 '100세까지 보장한다'는 문구를 키워드로 판매되는 보험들이 쏟아졌죠. 이제는 그 기준이 110세로 확대되면서 종신보험이나 건강보험뿐만 아니라 어린이보험도 110세까지 보장해주는 형태로 변화하고 있습니다.

다만 소비자 입장에서 110세에 목숨 걸 필요는 없습니다.

시대가 변하면서 상품 구조 역시 변화하고 있지만, 무리하게 보장을 110세까지 맞출 필요는 없다는 설명입니다. 보장 기준이 늘어나면 당연히 보험료도 비싸질 수밖에 없겠죠. 110세 보험에 가입할 때는 자신의 생활습관과 건강상태를 고려해 선택하면 됩니다.

건강할수록 보험료 내려간다

보장받을 수 있는 나이가 확대된 데 이어, 건강할수록 보험료가 내려가는 건강보험도 등장합니다. 한 보험사가 출시한 건강보험은 일반 건강(표준체) 고객을 건강등급별로 세분화한 것이 특징입니다. 건강등급별 위험에 따라 보험료를 차등 적용, 건강할수록 보험료가 저렴해지는 새로운 구조를 도입한 겁니다.

보험 가입은 '계약 전 알릴 의무'라는 고지 의무가 있는데, 5년 이내 수술이나 입원력, 질병 진단 여부 등이 있는지, 10년간 입원이나 수술 여부, 암과 심근경색, 뇌졸중 등 3대 질병 여부가 있는지 고지한 후 '건강등급'을 받아 저렴하게 보험가입이 가능해집니다.

여기에 가입자가 보험 가입 후 1년 이상 입원이나 수술,

3대 질병 진단력이 없을 경우 더 저렴한 상품으로 전환할 수 있도록 해 최대 5회 계약 전환, 최대 29퍼센트 보험료를 절감할 수 있게 초강수를 둡니다.

초고령화 사회에서 '건강한 사람'은 보험사 입장에서 최고의 고객입니다. 가입자가 건강하다는 것은 보험사 입장에서 손해율이 낮은(보험금을 지급할 일이 적은) 우량고객으로 평가되기 때문입니다. 건강한 고객을 확보하기 위한 보험사들의 경쟁은 앞으로 더 치열해질 전망입니다.

암도 무려 7번이나 보장한다

초고령화 사회에서 빠뜨릴 수 없는 상품이 있죠. 바로 암보험입니다. 시대적 흐름에 따라 암보험도 진화합니다. 암보험은 일반적으로 일반암 주계약과 함께 고액암, 유사암 등 분류에 따라 1회에 한해서만 보장받을 수 있는 상품으로 알려져 있는데, 무려 7번이나 보장 가능한 암보험이 등장했습니다.

한 생명보험사가 최근 출시한 암보험은 호흡기암과 구강암, 위암과 식도암, 직결장암, 간암과 췌장암, 유방암과 생식기암, 갑상선암, 고액암과 비뇨기계암 등 7종으로 분류해

진단금을 최다 7번까지 받을 수 있는 게 특징입니다. 기존 판매되고 있는 암보험 중 최다 보장입니다.

여기에 유병자가 가입할 수 있는 간편보험의 최저가입 나이도 30세에서 15세로 확대했습니다. 최근 건강검진 일반화로 유병자가 늘고 있고, 의료기술이 발달하면서 완치율 역시 높아지고 있는 상황이기 때문에 보험사 입장에서는 유병자 고객도 놓칠 수 없는 겁니다.

또 다른 보험사는 100세까지 보험료가 오르지 않는 비갱신형 암보험을 내놓기도 했습니다. 암진단을 받았을 경우 보험료 납입이 면제되고, 최초 일반 암이나 고액암이 발병했을 때 보험료를 더 이상 내지 않고 100세까지 보장받을 수 있습니다. 보험료 부담을 낮추고 보장을 확대하는 보험사들의 상품 경쟁은 사실 소비자 입장에선 나쁠 게 없습니다. 금융소비자는 보다 좋은 금융상품, 나에게 맞는 상품을 선택하기 위한 '꼼꼼함'만 장착하면 됩니다.

건강보험 가입 시 체크해야 할 사항들이 있습니다. 먼저 위에서 언급한 '계약 전 알릴 의무'는 상당히 중요합니다. 과거 병력이 있는지, 가입하려는 보험 담보와 관련된 약을 처방받은 적이 있는지 등 꼼꼼히 확인해서 제대로 고지한 후 가입해야 합니다. 만약 과거 관련 질병을 앓았다는 것을 숨기고 보험에 가입했다가 추후 확인되면 그간 지급했던 보험료를 몽땅 날리게 되는 경우도 있습니다. 건강보험 가입 후에는 면책기간(보장이 되지 않는 기간)이 얼마나 되는지 확인 후 보장을 받아야 하고 기존 가입한 보험과 중복보장이 되는지 여부를 확인하는 것도 체크 포인트입니다.

이번 명절
부모님 용돈 얼마 드릴까?

데이터로 알아보는 명절 연휴 트렌드!

올 명절, 당신의 선택은?

우리 민족의 대명절, 추석. 특히 지난 2022년에는 그 어느 때보다 긴 추석 연휴가 시작돼 설렘도 두 배였죠. 하지만 명절은 용돈이나 선물 준비로 지출이 늘어 부담이 커지는 시기이기도 합니다. 물가 역시 크게 올라 소비자들의 주머니 사정이 넉넉지 않을 텐데, 금융소비자들은 어떻게 지출 계획을 세우고 있을까요?

부모님 1명당
용돈 10만~30만 원

각 금융사들이 실시한 설문조사를 기반으로 추석명절 트렌드를 살펴보겠습니다. 지난 2023년 추석명절의 경우, 많은 금융소비자들이 의외로 여행보다는 '가족 방문'을 택했습니다.

KB국민카드가 고객 패널들을 대상으로 설문을 조사한 결과, 추석 연휴 기간 가족과 친척집에 방문 계획이 있다는 응답자는 64퍼센트를 차지했습니다. 여행을 택한 응답자는 23퍼센트에 불과했습니다. 최근 살인적인 고유가와 물가로 여행비용이 만만치 않아졌기 때문입니다. 실제로 연휴 동안 해외여행을 계획했다가 너무 비싼 항공권 때문에 여행을 포기한 수요도 상당한 것으로 전해집니다.

응답자의 91퍼센트는 추석을 맞아 용돈이나 선물 준비를 계획하고 있는 것으로 나타났습니다. 그중에서 용돈을 준비하겠다는 응답자는 78퍼센트로 선물보다 높게 나타나 부모님들의 '현금 선호도'가 높은 것으로 분석됩니다.

그렇다면 부모님 용돈은 얼마나 드리는 게 좋을까요? 용돈 금액대별 설문 결과를 보면 부모님 1명당 평균 용돈 10만

~30만 원이 74퍼센트로 가장 높았습니다. 30만~50만 원은 15퍼센트, 10만 원 미만은 7퍼센트, 50만 원 이상은 4퍼센트였습니다.

용돈도 카카오페이로…
90세도 보냈다

금융권의 비대면화가 가속화되면서, 명절 용돈 트렌드도 변화했습니다. 간단한 몇 번의 클릭만으로 송금할 수 있는 카카오페이의 간편송금을 이용해 마음을 전하는 사람들도 매년 크게 늘고 있습니다.

카카오페이 빅데이터에 따르면 추석명절 송금 봉투로 추석 덕담을 주고받는 사람들은 2021년 전년 대비 39퍼센트나 늘었고, 2022년에도 전년 대비 17퍼센트 증가했습니다. 카카오페이로 추석명절 송금을 이용한 사용자 중 최고령자는 '90세'로 나타났습니다. 90세 어르신도 현금을 인출하지 않고 '송금'으로 마음을 전하는 시대가 도래했습니다.

그렇다면 조카나 손주 용돈으로는 얼마가 적당할까요? 카카오페이가 10대부터 30대 조카, 손주 용돈 시세를 분석한 결과 10대는 약 7만 원, 20대는 약 10만 원, 30대는 약

15만 원으로 나타났습니다. 반대로 20~40대 사용자들이 부모님들에게 드리는 용돈 시세는 20대의 경우 약 17만 원, 30대는 약 21만 원, 40대는 약 23만 원으로 각각 집계됐습니다.

"장보기는 아직 오프라인이 편해"

추석 연휴와 관련된 재미있는 데이터는 또 있습니다. 용돈을 비대면으로 보내는 온라인채널이 활성화되고 있지만, 실제 명절 준비를 위한 장보기는 여전히 '오프라인'에 대한 선호도가 높은 것으로 나타났습니다. 가족들과 함께 즐길 음식을 준비하는 것인 만큼 '직접 보고' 구매하는 수요가 더 많은 것으로 분석됩니다.

신용카드 플랫폼인 카드고릴라가 '추석 장보기는 어디에서?'라는 주제로 설문조사를 실시한 결과 대형마트가 42.1퍼센트로 1위를 차지했습니다. 온라인이 24.3퍼센트, 전통시장 13.6퍼센트로 뒤를 이었고 백화점은 9.1퍼센트에 머물렀습니다.

특히 전통시장의 경우 소비 활성화를 위해 정부가 각종

혜택을 부여하고 있는데다, 최근 식탁물가까지 크게 오르면서 백화점에서 장을 보는 수요는 상대적으로 줄어든 것으로 보입니다. 2023년 세법개정안에 따라 전통시장 지출에 대한 신용카드 등 사용금액 소득공제율은 한시적으로 10퍼센트 상향 적용됩니다. 이에 따라 전통시장에서 신용카드 등으로 구매하면 50퍼센트의 소득공제율을 적용받을 수 있습니다.

"덕후들 모십니다"

키티부터 짱구, 원피스까지… "덕후들 모여라"

　금융권에서도 '품귀현상'이 일어나고 있다는 사실 알고 계신가요. 다름 아닌 캐릭터 카드가 그 주인공입니다. 카드 혜택이나 조건도 물론 중요하지만 이왕이면 더 예쁜 카드를 소장하고 싶어하는, 일명 '덕심'을 자극하는 카드 플레이트가 속속 등장하면서 시장을 뜨겁게 달구고 있습니다. 키티와 짱구를 담은 신용카드, 업계에는 어떤 변화를 가져다줬을까요.

없어서 못 판다…
품귀현상까지

2022년 품귀현상을 보인 대표적인 카드는 산리오 캐릭터즈가 콜라보 된 '신한카드 플리'입니다. 산리오 대표 캐릭터인 헬로키티, 시나모롤, 마이멜로디&쿠로미 등 3종의 디자인으로 출시된 카드인데, 단기간에 15만 매 발급을 넘어서면서 금융권에선 다소 생소한 '배송지연 카드'란 이력까지 남기게 됩니다.

최근에는 SNS상에서 MZ세대들에게 큰 인기를 얻고 있는 '토심이·토뭉이' 캐릭터가 무서운 성장세를 보이고 있습니다. 신용카드 플랫폼 카드고릴라가 카드 소비자들을 대상으로 선호하는 캐릭터 카드 설문을 조사한 결과, 토심이·토뭉이 캐릭터가 담긴 'KB국민 마이 위시'가 1위를 차지했습니다. 실제 이 카드는 2023년 9월 말 기준으로 5만 매 발급을 넘어섰습니다.

이밖에도 '짱구는 못말려' 속 짱구와 흰둥이를 주인공으로 한 카드, 미니언즈와 건담 등 골수팬을 지닌 캐릭터 카드, 발행부수 5억 부를 기록해 기네스북에도 등재된 세계적 인기 캐릭터 '원피스' 카드까지 등장합니다. 캐릭터 카드 원

조격으로 불렸던 카카오뱅크의 카카오프렌즈(라이언, 어피치 등) 카드를 시작으로 캐릭터 카드 라인업은 지속 확대되고 있습니다. 이런 열풍에 힘입어 캐릭터 카드를 보유한 금융소비자만 1천만에 달할 것으로 추정되고 있습니다.

비용 들어도
신규고객 확보 효과 상승

그렇다면 캐릭터 카드는 어떻게 만들어졌을까요. 카드사가 카드 플레이트 위에 무작정 캐릭터를 그려 넣어 팔 수는 없겠죠. 인기 있는 캐릭터들은 모두 '저작권'이라는 게 있습니다. 실제 캐릭터 카드를 판매할 때는 저작권을 보유한 작가 또는 업체와 제휴가 우선됩니다. 상품별로 다르지만 연간 계약으로 일정 금액을 지불한다거나, 발급 매수에 따라 차등 지급하는 등 다양한 방식으로 카드사는 마케팅 비용을 지출합니다.

비용 부담이 있는데도 카드사들이 인기 캐릭터를 카드에 담는 것은 신규고객 유입효과가 뛰어나기 때문입니다. 실제 2030세대뿐만 아니라 잠재고객으로 불리는 10대들 사이에서도 캐릭터를 입힌 체크카드는 인기템으로 꼽힙니다. '덕심'을 보유한 소비자와 즐거움을 추구하는 '펀슈머'를 동시에 확보할 수 있는 만큼 카드사 입장에서는 비용 부담을 해서라도 캐릭터 카드를 판매할 수밖에 없는 겁니다.

다만 최근 불고 있는 캐릭터 카드 열풍은 오히려 캐릭터를 홍보하고 싶어하는 작가들의 니즈와도 맞아떨어집니다. 작가들 입장에서 카드 플레이트는 금융소비자가 항상 지갑에 소지하는 필수품목으로, 결제할 때마다 외부에 노출이 되는 엄청난 홍보수단이기도 합니다. SNS를 통해 캐릭터 경쟁이 그 어느 때보다 치열해진 요즘, 캐릭터 홍보를 위해 카드사와의 제휴를 노리는 작가들이 오히려 늘고 있는 추세입니다.

원하는 카드 못 얻었다면?
옷 입힌다

마음에 드는 예쁜 카드 여러 장 보유하면 좋은데, 엄밀히 따지면 카드는 관상용이 아니고 금융상품입니다. 막무가내로 발급할 수 없고, 이례적인 품귀현상으로 발급이 힘든 경우도 있죠. 이런 금융소비자들을 위해 카드에 옷을 입히는 카드커버까지 등장했습니다.

한 카드커버 브랜드는 카드 디자인을 자유롭게 변경할수 없다는 것에 착안, 카드플레이트에 붙였다 뗄 수 있는 스티커형 카드커버를 출시했고 최근 MZ세대 사이에서 큰 인기를 얻고 있습니다. 이 역시 캐릭터 디자인 라인업을 확장하기 위해 MZ세대에게 인기인 웹툰 작가나 일러스트레이터와의 협업을 꾸준히 늘려가고 있습니다.

덕후를 향한 마케팅은 카드사뿐 아니라 전 금융권에서도 한창입니다. 예쁜 다이어리는 연말 스타벅스에서만 받는다? 은행들도 작가들과의 협업을 통해 캐릭터가 그려진 다이어리를 증정하거나 대표 캐릭터를 내세운 전시회를 진행하기도 합니다. 캐릭터를 선호하는 팬층이 생각보다 두터워 금융상품 판매에도 긍정적인 영향을 준다는 게 업계의 설명입니다. 물론 그만큼 혜택이 더해진다면 소비자 입장에선 더욱 좋겠죠.

캐릭터 카드가 인기인 것은 캐릭터 작가나 카드사 입장에서 긍정적 영향을 줄 수 있지만, 일각에선 무분별한 카드 발급에 따른 '휴면카드' 증가에 따른 우려도 제기됩니다.

휴면카드란 발급한 뒤로 실제 사용은 하지 않는 일명 장롱카드로, 캐릭터 카드가 자칫 관상용 기념품으로 자리잡아 금융사고 발생 가능성을 키우거나 사회적 비용 증가로까지 이어질 수 있다는 지적입니다.

이를 위해 카드사들은 일부 카드에 대해 발급 수수료를 책정하는 경우가 있는데, 실제 카드를 사용했을 때에는 이 수수료를 면제해주는 등의 '휴면카드 감축' 정책을 운영하기도 합니다. 금융소비자들은 각 카드별 발급 수수료와 조건을 꼼꼼히 확인하고, 새 카드를 발급받았다면 사용하지 않는 카드는 해지해 2차 금융사고를 예방하는 것이 좋습니다.

어려운 금융 이해하기

금리 오르는데
보험사 실적이 왜 나빠질까?

삼성생명, 2023년 3분기 당기순이익 16.2퍼센트 감소…

변액보증손실 직격탄

삼성생명, 3분기 순익 16.2퍼센트 감소한 1082억 원

　보험업계 자산규모 1위인 삼성생명이 발표한 2023년도 3분기 실적입니다. 금리 인상 영향으로 당기순이익이 감소했다는 기사들이 연이어 쏟아졌죠. 실제로 본격적인 금리 인상기가 시작되면서 삼성생명을 비롯한 대부분의 생명보험사들의 순익이 감소하기 시작했습니다. 일반적으로 금리가 오르면 기업의 투자이익이 확대되는 것으로 알려져 있는데, 왜 생명보험사의 실적은 더 나빠지고 있을까요?

금리 인상으로 채권가치 하락

코로나19 이후 늘어난 유동성에 러시아 우크라이나 전쟁 여파로 인한 인플레이션 압력까지. 때문에 미국뿐만 아니라 우리나라도 기준금리를 수개월째 인상하고 있습니다. 가파르게 오르고 있는 시장금리는 생명보험사에 악재로 작용하고 있다는 기사들이 쏟아집니다. 그 이유를 살펴볼까요.

첫 번째, 채권 가치의 하락입니다. 보험사들은 대부분 가입자에게서 받은 보험료를 비교적 안전한 채권에 주로 투자해 이를 통해 거둔 이익으로 보험금을 지급합니다. 기준금리 인상은 채권금리 인상으로 이어지는데, 이 경우 과거 저금리 시기에 보유하고 있던 채권의 평가이익은 감소하기 때문에 이는 곧 손실로 이어집니다.

재무건전성에도 악영향을 줄 수밖에 없습니다. 보험사들은 보험업법에 따라 계약자에게 보험금을 제대로 줄 수 있는지, 건전성 지표인 신지급여력제도(K-ICS) 규제를 받고 있습니다. 보유하고 있는 채권가치가 하락하면 가용자본이 줄어들기 때문에, 재무건전성을 나타내는 지급여력비율 역시 하락할 수밖에 없는 겁니다. 실제로 최근 금리 상승으로 채권평가 손실이 커지면서 주요 생명보험사들의 지급여력비율이 모두 하락했습니다.

증시 안 좋으면 보증준비금도 상승

두 번째 원인, 변액보증준비금의 증가입니다. 생명보험사는 손해보험사와 달리 변액보험이라는 상품을 주력 판매하고 있습니다. 변액보험은 채권이나 주식에 투자돼 성과에 따라 보험금이 변동되는 상품입니다. 보증준비금은 책임준비금의 한 종류로 투자수익 하락에 대비하는 비용이라고 생각하면 됩니다.

이 때문에 변액보험은 증시에 굉장히 민감합니다. 손해보험사의 실적이 주력상품인 실손보험이나 자동차보험 손해율에 따라 좌우된다면, 생명보험사는 변액보험 투자수익률에 따라 그 희비가 엇갈립니다. 생명보험사는 변액보험 판매시점의 예정이율보다 투자수익률이 떨어지면 그 차액만큼을 변액보증준비금으로 쌓아야 하기 때문입니다. 이 규모가 커질수록 당연히 보험사의 손실 역시 커질 수밖에 없겠죠.

실제로 2022년 주식시장 불황이 이어지면서 생명보험사들의 변액보증준비금도 큰 폭으로 늘었습니다. 2023년 3분기 실적을 발표한 삼성생명도 증시 약세에 따른 변액보증준비금 손실이 1621억 원으로 늘어나면서 순익 감소에 영향을 미쳤다고 설명했습니다. 반대로 변액보험을 판매하지 않은 NH농협생명은 순익 증가 효과를 봤습니다.

경기 불황에는 보험도 해지

급격한 시장금리 인상은 경기 침체로 이어지고 이는 곧 수입보험료 감소로 연결됩니다. 시장금리가 오르면 예금금리도 오르지만 대출금리도 당연히 오르겠죠. 이렇다보니 대출 부담이 높아지고, 최후의 보루로 남겨뒀던 보험을 해지하는 사람 역시 늘게 됩니다.

실제 2023년 8월 말 기준 생명보험사의 해지환급금은 20조 2827억 원으로, 전년 같은 기간보다 14.4퍼센트 증가했습니다. 경기가 불황일 때 해지환급금이 늘어나는 만큼 보험해지는 '불황형 지표'로 불리기도 합니다.

은행과 저축은행의 치열한 예금금리 경쟁 역시 보험사

입장에서는 수입보험료 감소 요인으로 꼽힙니다. 최근 예금 금리가 치솟으며 은행권에선 정기예금 금리 연 5퍼센트를 눈 앞에 두고 있고, 저축은행 등 2금융권 예금금리는 연 7퍼센트를 앞두고 있습니다. 이렇다보니 보험보다는 안정적인 예금으로 돈이 몰리는 현상이 나타납니다. 한국은행에 따르면 2023년 10월 말 기준 예금은행의 수신잔액은 무려 2252조 1천억 원으로 전월보다 6조 8천억 원이나 증가했습니다.

보험사 순익은 계속 줄어드는데, 보험사에 맡긴 내 돈은 안
전할까요? 국내 보험사들은 대부분 보험업법 규제에 따라
안정적인 재무건전성을 나타내고 있습니다. 그럼에도 불구
하고 보험사별 건전성 현황을 파악하고 싶다면 금융감독원
또는 각 보험사별 공시를 통해 지급여력비율을 체크해볼 수
있습니다. 2023년부터는 새 국제회계기준(IFRS17)이 도입
되면서 신지급여력제도(K-ICS)로 건전성 제도가 변경됐습
니다. 기존 지급여력비율(RBC)이 보험부채를 원가평가한다
면, K-ICS는 현재가치로 평가하는 것이 특징입니다. 또한
기존에는 측정되지 않던 장수위험이나 보유계약 해지위험
등이 새롭게 추가돼 측정되는 만큼 그 평가방식이 더 세분화
될 전망입니다.

정부는 왜
예금금리를 못 올리게 할까?

금융위원장 "금융권의 과도한 자금확보경쟁은 금융시장 안정에 교란요인으로 작용⋯ 업권 간·업권 내 과당경쟁을 자제할 필요가 있다"

금융감독원장 "금융회사 유동성 상황을 면밀히 모니터링해 금리 과당경쟁에 따른 자금쏠림이 최소화되도록 관리·감독을 강화해달라"

지난 2023년에는 기준금리 인상과 함께 치솟던 금융권 예금금리가 갑자기 멈춰선 사건이 발생한 바 있습니다. 금융당국 수장들이 연이어 "수신금리 과당 경쟁을 자제해달라"고 사실상 경고 메시지를 날리면서 금리가 얼어붙은 겁니다. 예금금리가 높아지면 예금자 입장에서는 더 많은 이자를 받을 수 있는데, 왜 정부가 직접 나서서 금리 인상을 자제시킨 걸까요? 금리 인상의 '명과 암'에 대해 살펴보겠습니다.

연 7퍼센트 향해 가던 예금금리…
연 4퍼센트대로 '뚝'

2023년 초 연 5퍼센트대까지 치솟았던 주요 5대 은행의 정기예금 금리가 연 4퍼센트대 후반으로 모두 내려갔습니다. 저축은행의 경우에도 빠른 금리 인상으로 연 7퍼센트를 내다보고 있었는데, 연 5퍼센트대로 주저앉은 바 있습니다.

현재도 업계 최고수준의 금리를 나타내던 금융사들은 금리 조정을 통해 예금금리를 잇따라 낮추고 있습니다. 기준금리 인상이 이뤄졌을 당시에도 이례적인 모습이 나타났죠.

저축성보험도 상황은 마찬가지입니다. 생명보험사들이 치열한 금리 경쟁을 벌이면서 연 6퍼센트 돌파를 코앞에 두고 있었는데, 현재는 소강상태에 접어들어 연 5퍼센트대에 머무르고 있습니다.

채권시장이 얼어붙으면서 채권을 통해 자금조달을 하던 금융사들은 일제히 '유동성 위기'와 맞닥뜨렸습니다. 쉽게 설명하면, 금융사 입장에서도 고객들에게 빌려줄 자금이나 투자자금이 넉넉히 있어야 하는데 자금 조달이 어려워졌다는 의미입니다.

이 경우 금융사 입장에서 할 수 있는 것은 수신성 상품, 즉 예금이나 적금의 금리를 올려 가입자를 늘리는 방안을 택할 수밖에 없겠죠. 예금금리 인상으로 자금을 확보하던 금융사들이 치열한 금리 경쟁을 벌이자, 금융당국이 "과도한 경쟁은 안 된다"며 브레이크를 겁니다.

시중은행 자금 쏠림에 제2금융권 '비명'

그렇다면 금융당국은 왜 예금금리 인상에 제동을 걸었을까요? 바로 과도한 경쟁에 따른 '역머니무브' 때문입니다. 역머니무브란 안전자산 선호 심리로 시중자금이 은행에 몰리는 현상을 말합니다. 일반적으로 은행보다는 저축은행,

상호금융사 등 제2금융권의 예금금리가 더 높습니다. 대출 금리도 마찬가지입니다.

하지만 자금확보 경쟁으로 시중은행들이 잇따라 예금금리를 인상하자, "저축은행과 금리 차이도 별로 없는데, 이왕이면 시중은행에 돈 넣는 게 낫지"라고 판단하는 사람들이 늘게 됩니다. 그 결과 2022년 말 기준 은행권의 수신잔액은 2258조 6천억 원으로, 전월보다 6조 5천억 원이 증가했습니다.

많은 돈이 은행으로 빠져나갔다는 것은, 그만큼 저축은행 등 제2금융권의 유동성은 더욱 악화됐다는 것을 의미합니다. 시중은행의 금리 경쟁으로 저축은행들도 예금금리를 잇따라 올리며 빠듯하게 따라는 갔지만, 결국 '적은 금리 차이'를 이유로 은행으로의 쏠림현상이 더 심화된 것입니다.

저축은행 입장에서는 예금을 많이 받아서 자금을 확보해야 하는데, 그 돈들이 모두 은행으로 돌아가니 '유동성 위기'가 올 수밖에 없는 겁니다. 특히 최근에는 저축은행들의 주력사업인 부동산 프로젝트파이낸싱(PF) 부실 우려가 커진 만큼 자금 확보의 중요성이 더 부각되고 있습니다. 저축은행 '위기설'이 도는 이유입니다.

"당국 개입 효과적"
vs "과도한 개입"

그렇다면 이 같은 예금금리 인상 멈춤 현상이 꼭 금융당국의 입김 때문일까요? 그렇지만은 않다는 의견도 있습니다. 실제 지난 2022년 10월 미국 물가상승률이 시장 예상치를 밑돌면서, 시장의 장기 국채금리가 하락했습니다. 장기 금리 하락이 시장에 영향을 준 것이란 분석입니다.

다만 이와 별개로 당국의 개입은 과도하다는 지적도 있습니다. 금리라는 것은 기본적으로 시장에서 자연스러운 경쟁으로 책정이 돼야 하는데 인위적인 개입은 부작용을 낳을 수 있기 때문입니다.

당국은 예금금리 인상 억제를 통해 은행으로 흘러갈 자금들이 저축은행이나 회사채로 유입되길 바라고 있지만, 두 시장 모두 리스크가 커진 상황이라 '약발'이 제대로 먹힐지는 의문이라는 시각도 있습니다. 오히려 안전자산에 돈을 맡기려는 예금자들의 이자수익을 줄인다는 지적이 제기되고 있죠.

반대로 금리 인상기에 과도한 대출금리 인상을 억제하는 효과까지 있을 것이란 기대감 섞인 시각도 있습니다. 일반적으로 금융사들은 예금금리를 올리면 예대마진을 내기 위해 대출금리도 함께 인상합니다. 이 경우 예금 가입자들은 이자를 더 받을 수 있지만 반대로 대출자들의 이자 부담은 높아집니다.

최근 경기 상황이 좋지 않고 부실 취약차주에 대한 우려가 높아진 만큼, 예금금리 인상 억제가 대출금리 인상을 자연스레 억제한다는 설명입니다. 실제 5대 시중은행의 지난 2022년 기준 변동형 주택담보대출 금리는 연 5.25~7.36퍼센트로, 지난 달보다 금리 상단이 0.35퍼센트포인트 낮아졌습니다.

예금금리는 낮추고, 대출금리는 교묘하게 올리는 얄미운 금융회사가 있다고요? 금융당국은 은행들의 과도한 이자장사에 소비자들이 피해를 입지 않도록 예대금리차를 매달 공시하기로 했습니다. 은행연합회 홈페이지에서 각 은행별 금리차를 월별로 확인할 수 있습니다.

신용점수 낮은데,
외상 되나요?

"직업은 없습니다. 신용카드 발급도 안 됩니다.
혹시 외상 됩니까?"

외상? 됩니다. 네이버파이낸셜과 카카오페이, 토스 등 빅
테크 플랫폼 서비스를 통해 최대 30만 원까지 가능합니다.
최근 금융권에서 가장 '핫'한 서비스, 바로 선구매 후결제
(BNPL, Buy Now Pay Later)입니다. 신용점수가 낮아도, 신용
카드 발급이 되지 않아도 외상이 가능한 것이 BNPL의 특
징입니다. 그렇다면 당장 갚을 능력이 되지 않아도, 일단 끌

어다 쓰면 되는 걸까요?

국내에서도 해외에서도 '혁신 서비스'

BNPL은 말 그대로 선구매 후결제, 지금 사고 나중에 낸다는 의미입니다. 소비자가 물품을 구매하면 BNPL 업체가 가맹점에 먼저 대금을 지급하고, 소비자는 물품을 받은 뒤 업체에 대금을 상환하는 방식의 결제서비스입니다. 사실상 '외상' 개념이죠. 물품을 미리 구매하고 대금을 나중에 상환한다는 점에서 신용카드와 유사하기도 합니다.

하지만 BNPL은 신용카드 발급이 어려운 학생이나 주부, 사회초년생 등 '씬파일러'로 불리는 금융이력 부족자들도 이용할 수 있다는 게 특징입니다. 일반적으로 금융사들은 고객의 신용점수 등 금융정보를 기반으로 대출을 해주거나 신용카드를 발급해주는데, BNPL은 소비자의 결제, 쇼핑 이력 등 비금융정보를 결합한 대안 신용평가시스템을 기반으로 외상을 해주기 때문에 신용점수가 낮아도 이용이 가능합니다.

BNPL은 이미 해외에서도 '혁신 아이템'으로 꼽힙니다.

미국 대형 결제업체들은 BNPL 업체를 잇따라 인수해 서비스를 제공 중이고, 뱅크오브아메리카는 오는 2025년 BNPL 시장 규모가 현재의 15배인 1조 달러까지 확대될 것으로 전망했습니다. 국내에서는 지난 2021년 금융위원회가 이 서비스를 혁신금융으로 지정했고 현재 네이버페이와 카카오페이, 토스 등이 서비스를 제공 중입니다.

혁신금융이라지만…
카드보다 높은 연체율

미국 BNPL 이용자의 80퍼센트가량은 대학생과 사회초년생 등 MZ세대입니다. 아직 고정 수익이 없고 금융거래 이력이 부족한 젊은 층이 주로 이용하고 있는 것으로 분석됩니다. 이런 흐름에 따라 국내에서도 빅테크사들이 월 15~30만 원의 한도를 부여해 씬파일러들을 대상으로 서비스를 제공하고 있고, 일부 카드사들도 해외 또는 유통사들과 손잡고 BNPL 서비스를 속속 출시 중입니다.

실제 2023년 6월 말 기준 빅테크 3사의 BNPL 서비스 누적 가입자 수는 302만 명으로 전 분기보다 13.4퍼센트 증가했습니다. 하지만 아무리 편리한 서비스라고 해도 외상이 잦아지면 문제가 생길 수밖에 없습니다. 이 서비스의 발목을 잡는 것, 바로 연체율입니다.

국회 정무위원회 소속 최승재 국민의힘 의원실에 따르면 2023년 6월 말 기준 빅테크 3사의 BNPL 서비스 연체율은 평균 5.8퍼센트로 전 분기 말보다 1.4퍼센트포인트 증가했습니다. 같은 기간 국내 카드사의 연체율은 1.58퍼센트입니다. 신용평가모델과 고객군 자체가 다른 만큼 단순 비교는 어렵지만, 일반 금융회사의 연체율보다 확연히 높은 수준인 것은 사실입니다. 온라인상에서 일단 외상으로 물품을 구매하고 물건값을 갚지 않은 사람들이 크게 늘었다는 의미로 볼 수 있습니다.

"연체 관리 안전장치 마련돼야"

BNPL 연체율이 크게 늘어난 것은 학생, 주부, 사회초년생 등 썬파일러들의 소득 수준이 일반 급여소득자들에 비해 낮거나 불안정해 상환능력이 상대적으로 떨어지기 때문으로 분석됩니다. 실제 우리나라보다 BNPL을 빨리 도입한 미국의 경우에도 "BNPL 이용자들은 부채가 많고 신용카드의 의존하는 경향을 보인다"며 "오히려 과소비를 유발할 수 있다"고 경고하기도 했습니다.

현재 국내에서 BNPL은 혁신 금융서비스로 지정돼 있어 일반 금융서비스와 같이 규제를 받고 있진 않지만, 이처럼 연체율 우려가 커지면서 재무건전성 규정 등 합리적인 규제 체계를 갖춰야 한다는 지적도 제기되고 있는 상황입니다. 한도가 적긴 하지만 이미 사용자가 300만 명을 넘어선 만큼 불필요한 소비로 건전성이 악화되지 않도록 최소한의 안전 장치가 필요하다는 설명입니다.

BNPL 업체들은 아직 국내에서 이 서비스를 제공한 지 얼마 되지 않은 만큼, 대안신용평가모델의 고도화가 필요하다고 주장합니다. 금융이력을 제외한 별도의 평가 데이터를 더 축적하고 분석해 고도화하는 작업이 진행되면 연체율 관리가 보다 용이해질 것으로 보고 있습니다. 연체율 급증이 이어진다면 업체들이 자체적으로 심사를 강화해 건전성 확보에 나설 가능성도 큽니다. 혁신과 안정성 사이에서 적절한 장치를 찾아내는 것이 과제로 꼽힙니다.

대출이나 신용결제가 아니라고 해서 연체이자까지 없을까 요? BNPL도 연체이자가 있습니다. 급한 대로 BNPL을 통해 물품을 구매했는데, 대금을 정해진 기간까지 보내지 못했다면, 당연히 연체이자가 붙습니다. BNPL 서비스에 가입하는 것 자체만으로는 신용점수에 영향을 주지 않지만, 연체가 될 경우에는 추후 BNPL을 이용할 수 없고, 서비스사마다 각각 다르지만 연 최대 12퍼센트의 연체수수료가 부과되니 소액이라도 꼭 자금계획을 세우고 이용해야 합니다.

새해 종신보험
신상품이 쏟아지는 이유

'버팀목으로 키워주는 종신보험'
'뉴더든든한 종신보험'
'평생안심유니버셜 종신보험'

　연초만 되면 보험사들이 잇따라 종신보험 신상품을 내놓습니다. 2022년에도 마찬가지였죠. 일반 종신보험이 아니라 여러 기능을 더한, 심지어 유병자도 가입할 수 있는 종신보험까지 등장했습니다. 코로나19 이후 가계경제가 어려워지고 보험 신계약도 급감하고 있는 상황에서 보험사들은 왜 장기상품인 종신보험 출시에 열을 올리고 있는 걸까요?

그 이유는 '회계제도 변화'에 있습니다. 보험사들이 맞닥 뜨린 회계제도 변화는 종신보험 신상품과 어떤 연관성이 있는지 살펴보겠습니다.

다양한 '옵션' 탑재
종신보험 출시

과거에 비해 종신보험에 대한 관심이 줄어든 것은 사실입니다. 10년 이상 납부해야 하는 장기상품인데다 말 그대로 '사망해야' 보험금이 나오는 상품인 만큼 일반 보장성보험에 비해선 인기가 덜한 상품으로 꼽히죠. 특히 종신보험은 가입자가 사망했을 때 남은 유가족을 위해 가입해두는 경우가 대부분이라, 결혼과 출산이 점점 줄어들고 있는 만큼 종신보험에 대한 전망은 밝지 않습니다.

그럼에도 불구하고 새해가 밝아오자 보험사들은 다양한 종신보험 신상품들을 쏟아냅니다. 한 보험사는 연금전환 기능을 더해 보험가입금액의 최대 90퍼센트를 다른 형태로 변경해 수령할 수 있는 상품을 내놓는가 하면, 종신보험인데도 3.5퍼센트의 높은 예정이율을 적용한 신상품을 출시하기도 했습니다.

종신보험에 '양육자금 자동인출 서비스'를 탑재해 자녀의 성장 시기에 따라 필요자금으로 꺼내쓸 수 있도록 한 상품도 등장했습니다. 5년 이내에 암진단이나 입원, 수술이력이 없으면 약 15퍼센트 저렴하게 가입할 수 있는 종신보험도 2023년 출시됐습니다. 보험료 납입기간을 구간별로 나눠 보험료가 점점 저렴해지는 상품도 눈에 띕니다. 종신보험에 다양한 옵션이 붙은 것이 2023년 출시된 상품들의 특징입니다.

보험 부채, 원가에서 시가 평가로 변경

얼마 전까지만 해도 보험사들은 이율을 높인 저축성보험 판매에 주력했습니다. 시장금리가 오르면서 은행 예금으로 돈이 쏠리는 '역머니무브' 현상이 나타나자, 유동성 확보를 위해 보험사들도 잇따라 저축보험 금리를 올린 겁니다. 하지만 2022년부터 새롭게 출시된 상품들은 대부분 종신보험, 보장성보험이죠.

보험사들이 보장성상품 출시에 열을 올리고 있는 이유는

2023년부터 적용된 '새 국제회계기준(IFRS17)' 때문입니다. 말 그대로 보험사의 회계평가에서 그간 써왔던 기준이 아닌 새로운 국제기준을 적용한다는 의미입니다. 이 제도는 국제회계기준위원회에서 제정한 원칙으로 당초 2021년 적용 예정이었으나 보험사들의 준비 시간이 필요하다는 이유로 2023년 적용으로 유예된 바 있습니다. IFRS17의 핵심은 보험사의 부채를 원가가 아닌 '시가'로 평가한다는 것입니다.

왜 시가로 평가할까요? 보험사는 미래에 가입자에게 지급할 보험금의 일부를 적립금으로 쌓습니다. 보험사 입장에선 '부채'로 인식되겠죠. 보험사가 향후 고객에게 보험금 100만 원을 돌려줘야 하는 계약을 맺었다면 현재 회계제도에선 10년이 지나도 보험사의 부채는 고스란히 100만 원으로 잡힙니다. 그러나 이처럼 원가를 기준으로 하는 방식은 경제, 시장 변화를 반영하지 못해 위험을 정교하게 측정하기 어렵다는 지적이 있었습니다. 시장 흐름을 반영해 다양한 위험을 세밀하게 파악하자는 취지입니다.

예를 들어 보험사가 7퍼센트대 수익을 보장하는 저축성 보험을 팔았을 경우, 기존에는 7퍼센트대 수익을 낼 것으로 가정해서만 적립금을 쌓아도 됐지만 IFRS17이 적용되면 향후 금리가 더 떨어질 것을 예상해 저금리로 줄어드는 운용수익을 감안하고 훨씬 더 많은 적립금을 쌓아야 하는 겁니다. 시가평가인 만큼 시장금리가 반영되는 것이 특징입니다. 그만큼 고금리 확정형 상품을 대량 판매한 보험사들은 앞으로 쌓아야 할 적립금, 부채가 늘어나는 현상이 나타나게 됩니다.

생각보다 보험사들이 신경 써야 할 사안들이 많아지겠죠. 이런 리스크를 줄이기 위해 보험사들은 부채가 크게 인식되는 연금이나 저축성보험보다는 종신보험 판매에 더 주력할 수밖에 없는 겁니다. 종신보험은 향후 가입자가 사망했을 때에만 보험금이 지급되는 만큼 저축성보험에 비해 의무적으로 가입자에게 돌려주는 돈이 적게 잡힐 수밖에 없기 때문입니다.

다시 한번 쉽게 설명하면, 새 회계제도에선 시장 상황 등 보험사 수익성에 반영되는 지표들이 많아지다보니 보험사가 가입자에게 지급해야 할 돈이 적게 잡히는 보장성 상품이 회계상 유리하다는 의미입니다.

서비스 마진 많이 남는 상품이
보험사에 유리

이 같은 회계방식 때문에 새롭게 도입되는 것이 '보험계약서비스마진(CSM)'이라는 지표입니다. 보험부채를 시가로 평가하는 만큼 보험금뿐만 아니라 사업비 등이 전부 고려되겠죠. 보험영업 수익의 인식 방법이 단순히 보험료가 아닌, 해당 기간에 제공된 보험서비스를 중심으로 변경되기 때문입니다. CSM은 보험사가 미래에 얻게 될 예상이익을 예측한 개념을 의미하는 만큼 새 회계제도에선 CSM 규모가 큰 보험사가 체력이 탄탄하다고 해석될 수 있습니다.

CSM이 높은 상품으로는 암보험 등 건강보험, 종신보험, 치매간병보험, 자녀보험과 운전자보험 등이 꼽힙니다. 예정된 고금리로 저축된 보험금을 무조건 되돌려주는 것보다 사고발생률이 상대적으로 적은 상품, 발생률에 따라 보험금을 줄 수도 있고 주지 않아도 되는 보험이 보험사 입장에선 '마진'이 높다고 해석되기 때문입니다.

앞서 언급한 대로 최근 보험사들이 일시적 유동성 문제를 이유로 금리를 높인 저축성보험을 주로 판매해왔지만, 앞으로는 저축성보험 판매를 크게 줄일 것으로 보입니다.

대신 CSM 규모가 큰 암보험이나 간편심사 건강보험, 종신
보험 판매에 더 주력할 것으로 전망되고 있습니다.

앞에서 금융당국은 보험사들이 계약자에게 보험금을 잘 줄 수 있는지를 파악하기 위한 건전성 지표로 지급여력비율(RBC) 대신 신지급여력제도(K-ICS)를 적용해 보험사의 건전성을 평가하기로 했다고 설명했습니다. 새 회계제도가 적용되는 만큼 보험사의 건전성을 평가하는 지표도 달라졌기 때문입니다. 여기에는 장수, 해지, 사업비, 대재해, 자산집중 위험 등이 신규 측정 리스크로 추가된 것이 특징입니다. 또한 지급여력기준금액을 산정할 때 충격 시나리오 방식을 도입해 보다 정교하게 자산과 부채의 변동성을 반영할 것으로 기대되고 있습니다.

회계제도 이야기라 다소 복잡할 순 있지만, 다른 의미로 보면 금융소비자 입장에선 '보험사가 과연 제대로 보험금을 돌려줄 수 있는지' 판단하는 건전성 지표가 보다 정교해졌다고 해석할 수 있습니다. 금융당국은 RBC비율 100퍼센트 선을 건전성 기준으로 삼고 있는데, 이번 신지급여력제도(K-ICS) 적용으로 보험사들의 건전성 지표에 어떤 변화가 있을지 확인해보는 것도 포인트입니다.

한국에
'지진보험'이 없는 이유

"우리나라도 지진에 안전한 건 아니라던데,

지진보험을 들 수는 없나요?"

2022년 튀르키예와 시리아를 덮친 강진으로 대규모 사상자가 발생하면서 전 세계가 슬픔에 빠졌습니다. 피해 규모가 커지다보니 국내에서도 지진에 대한 경각심이 높아지고 있습니다. 실제 지난 2017년 포항에서 발생한 지진을 비롯해 국내에서도 크고 작은 지진이 적지 않게 발생하고 있죠. 이같이 예측할 수 없는 사고 발생에 대비할 수 있는 대표적

금융상품에는 보험이 있는데, 정작 국내에는 지진 전용 보험이 없다는 것 알고 계셨나요. 그 이유는 무엇인지, 그렇다면 지진 발생에 대비할 수 있는 금융상품은 없는지 살펴보겠습니다.

정책성 '풍수해보험'에서
지진피해 보상

서울시 지진안전포털 등에 따르면 2023년 기준 서울시내 건축물 약 60만 동 가운데 내진설계와 보강공사 등을 통해 일정 기준 이상의 내진 성능을 확보한 곳은 19.5퍼센트에 그쳤습니다.

지진위험 노출 가능성은 크지만, 여전히 국내에는 지진 피해만 따로 보장하는 '지진 전용 보험'은 없는 상황입니다. 국내에서 지진 피해를 보상받으려면 정책성 상품인 풍수해보험에 가입해야 합니다. 풍수해보험은 행정안전부가 관장하고 민영보험사가 운영하는 소상공인 대상 정책보험으로, 보험가입자가 부담해야 하는 보험료의 일부를 국가나 지자체에서 보조해 저렴한 보험료로 가입할 수 있다는 특징이 있습니다.

지진을 비롯해 태풍, 홍수, 호우, 해일, 강풍, 풍랑, 대설 등에 대한 피해를 보상합니다. 가입 대상 시설물은 주택 또는 온실(비닐하우스), 소상공인의 상가와 공장 등입니다. 단독주택 24평을 기준으로 했을 때 보험료는 연 5만 원 가량인데, 정부가 약 3만 5천 원을 부담하고 가입자는 연 1만 5천 원을 부담하게 됩니다.

풍수해보험은 삼성, 현대, DB, KB, 메리츠, NH농협, 한화손해보험 등 7개 손해보험사가 판매 중입니다. 정책상품인 만큼 전국 시군구 재난관리부서나 읍면동 주민센터를 통해 가입 관련 문의를 할 수 있습니다.

화재보험 특약으로 가능, 장기는 불가

정책상품이 아닌 민간보험사의 일반보험으로는 보장이 불가능할까요? 가능하긴 합니다. 지진 발생을 가정했을 때 가장 먼저 피해가 우려되는 것은 주택입니다. 국내 보험사들은 주택의 각종 피해를 보장해주는 주택화재보험을 취급하고 있습니다. 주택화재보험은 우리집의 화재손해나 이웃집에 대한 배상책임 등 생활 속 위험을 보장합니다.

다만 국내 보험상품은 기본적으로 자연재해에 대한 피해는 '면책'으로 규정돼 있습니다. 보장하지 않는다는 의미입니다. 자연재해는 보험의 보상 범위 밖이라는 기본 틀이 있기 때문이죠. 주택화재보험, 재산종합보험 역시 주계약에는 태풍이나 폭우, 지진 등의 자연재해를 보장하지 않는 경우가 대부분입니다. 이 경우 '지진피해'를 보장하는 특약을 추가해 보장범위를 확대할 수 있습니다.

하지만 이 역시도 현재 1년짜리 일반보험에서는 지진 특약을 추가할 수 있지만, 10년 이상 장기보험은 지진 특약이 없는 경우가 대부분입니다. 지난 2017년 포항 강진으로 지진 대비에 대한 경각심이 높아지면서 지진보험에 대한 수요가 급격하게 증가한 사례가 있습니다. 보험사 입장에선 자연재해인 지진이 발생할 경우 지급해야 하는 보험금 부담 역시 커지기 때문에 판매에 소극적일 수밖에 없었겠죠. 결국 해당 특약은 슬그머니 사라지기 시작합니다. 현재 국내에서 판매되는 장기보험의 자연재해 특약에 지진은 '면책'으로 규정돼 있는 것도 이 같은 이유 때문입니다.

수요 낮고 손해율 높은
'지진 담보'

이처럼 보험사들이 지진 담보를 적극적으로 판매하지 않는 이유는 저조한 가입률, 막상 피해가 발생할 경우 손해액 또한 어마어마하기 때문입니다. 말 그대로 '돈이 되지 않는 상품'이라는 의미입니다.

실제로 지난 2021년 기준 국내 풍수해보험 가입률은 주택의 경우 25퍼센트 수준, 온실은 15퍼센트 수준에 그칩니다. 주택화재보험 역시 가입률은 10퍼센트 미만에 머무릅니다. 한국은 그간 지진 안전지대로 꼽혀왔고 자연재해에 대한 피해 역시 타국에 비해 상대적으로 적었던 만큼 판매 수요가 높지 않았다는 설명입니다.

지진이 빈번하게 발생하는 이웃나라 일본의 경우엔 지진 전용보험이 있습니다. 지진리스크에 대한 인식이 높아지면서 일본의 지진보험 가입률은 1994년 9.0퍼센트에서 2017년 말 31.2퍼센트, 2019년 말 33.1퍼센트로 3배 넘게 증가했습니다.

판매량은 얼마 되지 않는 반면 사고가 발생했을 때 보험사가 지급해야 하는 보험금 규모는 상대적으로 크기 때문에 보험사 입장에선 부담스러울 수밖에 없다는 설명입니다. 실제 주택 피해에 대한 보상뿐만 아니라 시설물 낙하 등으로 인해 타인에게 준 재산피해에 대해서도 배상해주는 담보가 있는 만큼 보험금 규모가 상당하기 때문입니다.

현재 국내는 지진에 대한 피해 담보가 상당히 미흡한 수준으로 평가되고 있지만, 지진 등 자연재해와 관련된 기후 리스크 대비는 국내뿐만 아니라 전 세계적으로 주요 과제로 꼽히고 있는 만큼 관련 상품에 대한 정부와 업계의 논의는 지속적으로 이어질 전망입니다.

슬기로운 TIP

지진은 자연재해에 속하기 때문에 관련 피해에 대한 보장을 받고 싶다면 특약의 범위를 꼼꼼히 살피는 게 중요합니다. 상품마다 천차만별이기 때문에 면책항목에 지진이 포함돼 있는지 확인해야 하고, 보장기간 역시 체크하는 것이 좋습니다. 또한 집이나 물건, 시설물에 대한 피해 보상을 해주는 보험인 만큼 가입 시 재산 가치가 높은 물건은 잊지 않고 보험 증권에 기재해야 합니다. 가전 등 가재도구는 가입금액 한도 내에서 피해액을 돌려받을 수 있지만, 귀금속이나 골동품 등은 보험증권에 따로 적어둬야 추후 사고가 발생했을 때 제대로 보상받을 수 있습니다.

"아버지가 돌아가셨습니다"…
기자도 속았다

"아버지께서 별세하셨습니다.

식장주소 : http://xxxx…"

　최근 지인으로부터 한 부고 문자메시지가 도착했습니다. 부친상을 알리는 한 줄 문구와 웹페이지를 볼 수 있는 링크가 함께 도착했습니다. 실제 지인의 번호로 온 문자메시지라 의심 없이 부고장 링크를 눌렀고, 발인날짜와 장례식장 확인을 위해 한 번 더 클릭을 유도하는 안내에 '아차' 싶어 황급히 창을 닫았습니다. 깜빡 속을 뻔했던 문자, 역시나 개인정보를 탈취하는 스미싱 문자였습니다.

빈소 안내 클릭하면
악성앱 설치

금융감독원에서는 최근 '부고'를 사칭하는 스미싱 범죄에 대한 소비자 경보를 발령했습니다. 실제 지인의 번호로 발송되기 때문에 의심 없이 누를 수밖에 없는 문자메시지입니다. 특히 부친상과 같은 경우 대다수의 지인이 실제 당사자에게 전화를 걸어 확인하기 어렵다는 점을 악용, 스미싱 범죄로 빈번하게 활용되고 있습니다.

문구도 다양합니다. "아버지께서 돌아가셨습니다" "아버지가 금일 새벽에 별세하셨기에 삼가 알려드립니다" 등 한 줄 문구를 활용하고, 빈소나 발인날짜 확인을 위해서는 링크를 클릭하도록 유도합니다. 만약 웹페이지에 접속한 후 빈소와 발인날짜 확인을 위해 한 번 더 클릭을 유도하는 유혹에 넘어간다면, 해당 스마트폰에는 개인정보를 탈취하는 '악성앱'이 설치됩니다. 일명 '좀비폰'이 되는 겁니다.

기자는 두 번째 클릭을 하지 않아 악성앱이 설치되진 않았지만, 혹시 모를 가능성에 대비해 악성앱을 탐지하는 프로그램을 통해 추가 검사를 진행했습니다. 평소 보이스피싱에 대해 경각심을 갖고는 있었음에도 막상 지인의 이름과 번호로 부고 안내문자가 날아오니 순간 경계심이 무너졌습니다. 보이스피싱에 취약한 노년층이 이 같은 문자메시지를 받았다면 분명 속수무책으로 당했을 가능성이 큽니다.

1인당 1700만 원
피해 봤다

금감원에 따르면 2023년 보이스피싱 피해액은 1965억 원으로 전년보다 무려 35.4퍼센트나 증가했습니다. 보이스피싱 예방에 대한 홍보 강화로 피해자 수는 감소했으나 1천만 원 이상 고액 피해사례가 증가하면서 전체 피해액이 늘었습니다. 이는 1인당 1700만 원의 피해를 본 셈입니다.

주요 사기유형별 비중은 대출빙자형이 35.2퍼센트, 가족이나 지인을 사칭한 메신저피싱이 33.7퍼센트, 정부기관 사칭형이 31.1퍼센트로 가장 많았습니다. 안타깝게도 50대와 60대 피해자가 절반 이상을 차지했습니다. 실제 기자의 사례처럼 지인을 사칭한 문자메시지 피싱은 노년층에게 매우 취약할 것으로 분석됩니다.

과거에는 통화를 유도하는 미끼문자(피싱)가 주를 이뤘으나, 이에 대한 금융소비자들의 대처능력이 높아지면서, 최근에는 링크(URL 주소)가 포함된 스미싱 문자가 기승을 부리고 있습니다. 과태료나 범칙금 납부, 택배 배송 조회, 모바일 경조사 알림을 사칭한 범행시도가 급증했습니다.

예방 기본 원칙은
'늘·꼭·또'

금융당국은 금융사의 상시적인 자체 점검을 통해 이상거래가 있을 때 지급정지를 실시하는 방식으로 대응체계를 강화한다는 방침입니다. 정부기관과 금융사를 사칭한 미끼문자 차단을 위해서는 관계부처와 협업해 '확인된 발신번호'라는 안심마크 표기를 확대하는 방안도 추진할 예정입니다.

하지만 금융사의 대응만으로는 한계가 분명 있습니다. 금융소비자 스스로 경각심을 갖는 것이 가장 중요하겠죠. 보이스피싱 사기 수법에 있어선 '늘·꼭·또'를 기억해야 합니다. '늘 의심하고, 늘 전화 끊고, 또 확인한다'는 원칙입니다.

금감원은 "제도권 금융회사는 전화나 문자를 통한 대출

안내, 개인정보 제공, 자금 요구, 뱅킹앱 설치 등을 절대 요구하지 않는다"고 강조합니다. 실제 수많은 보이스피싱 피해는 가짜 모바일 뱅킹앱 설치로부터 시작됩니다. 대출을 빙자한 전화나 문자를 받은 경우에는 즉시 전화를 끊고 문자를 삭제하는 것이 가장 명확한 예방법입니다.

만약 이미 피해금을 송금했다면?

사기범이 자금을 인출하지 못하도록 보이스피싱 통합신고 대응센터(112) 또는 금융회사 콜센터에 전화해 신속하게 계좌의 지급정지를 신청하는 것이 가장 중요합니다. 이후 내 명의를 도용해 개설된 계좌가 있는지 금융결제원의 '계좌정보통합관리서비스'에서 확인이 가능하고, 한국정보통신진흥협회의 '명의도용방지서비스'를 통해 내 명의로 개통된 휴대전화가 있는지 확인할 수 있습니다. 악성앱을 설치한 경우 지인이나 휴대폰 서비스센터에 도움을 요청하고, 모바일 백신앱으로 검사 후 앱을 삭제하거나 삭제가 되지 않는다면 데이터 백업 후 휴대폰을 초기화해야 합니다.

수술비는 100만 원인데
실손보험은 300만 원 청구?

실제 수술비는 100만 원,
실손보험 청구는 300만 원으로?

　과연 이게 가능한 일일까요. 가능합니다만, 엄연한 보험사기입니다. 병원과 환자가 '짜고 치는' 보험사기가 최근 크게 늘면서 보험사기 적발금액도 사상 최대치를 나타냈습니다. 대부분 진료비 영수증을 허위로 발급해 보험금을 과도하게 받아내는 방식입니다. 이 과정에는 알선수수료를 받는 '브로커'도 끼어 있습니다. 영화에서만 봤을 법한 이런 보험사기 수법은 현실에서도 빈번하게 일어나고 있고, 이로 인해 선량한 가입자들의 실손보험료까지 오르고 있습니다. 대체 어떤 수법들로 우리의 실손보험료가 오르고 있는지 알아봤습니다.

1조 원 넘은 보험사기…
사상 최대

금융감독원에 따르면 2023년 보험사기로 적발된 금액은 1조 1164억 원, 적발인원은 10만 9522명입니다. 적발금액은 전년보다 346억 원이나 증가했고 적발인원도 6843명 늘었습니다. 특히 보험사기 적발금액은 2년 연속 1조 원을 넘어서면서 역대 최고 수준을 찍었습니다. 경기가 악화되고 살림살이가 점점 팍팍해지면서 보험사기 유혹에 넘어가는 가입자들이 늘어난 것으로 분석됩니다.

보험사기별 유형을 보면, 사고내용 조작이 59.3퍼센트로 대부분을 차지합니다. 진단서를 위조 또는 변조하거나 수술비를 과다청구하는 유형이 전년보다 약 200억 원이나 증가했습니다. 위 사례처럼 실제 수술비는 100만 원 나왔는데 진단서를 위조해 실손보험 청구를 300만 원으로 하는 방식입니다. 사고가 나지 않았는데 난 것처럼 꾸미는 허위사고도 19.0퍼센트, 보험금을 받기 위한 목적으로 일부러 사고를 내는 고의사고 유형도 14.3퍼센트나 차지했습니다.

그렇다면 어떤 연령층이 보험사기에 가장 많이 가담했을까요. 2023년에는 50대의 적발 비중이 가장 높았습니다. 50대의 보험사기 적발 비중은 22.8퍼센트로 2만 4천여 명에 달했고 60대 이상의 고령층 보험사기도 22.2퍼센트에서 22.6퍼센트로 증가했습니다. 더 놀라운 사실은 보험사기 적발자의 직업은 평범한 회사원이었다는 겁니다. 무직·일용직·전업주부·학생보다도, 회사원이 보험사기에 가장 많이 가담하고 있었습니다.

"보험금 더 많이 받게 해줄 테니 수수료 줘"

이들은 어떤 방식으로 보험사기를 저질렀을까요. 한 병원은 실제 수술비를 초과한 금액으로 비급여 진료비를 부풀려서 허위진료비 영수증을 발급해주다가 적발됐습니다. 아무 조건 없이 허위진료비 영수증을 발급해준 것은 아닙니다. 실손보험이 있는 환자들에게 시술비로 약 300만 원 상당의 허위진료비 영수증을 발급해주고, 지급보험금 중 200만 원을 병원 관계자에게 이체하도록 제안합니다. 말 그대로 '수수료'를 편취하는 방식입니다.

이 과정에 '브로커'가 개입하는 경우도 있습니다. 브로커들은 병원에 환자를 소개해준 뒤 알선수수료를 지급받는 것으로 공모하고, 실손보험 가입자들을 병원에 데려갑니다. 2022년, 보험사들이 골머리를 썩었던 백내장 수술 보험금의 경우에도 수술 과정에 브로커가 개입돼 있는 경우가 많았습니다. 브로커가 백내장 수술이 불필요한 환자들까지 대거 모아 병원에 알선해주고 수수료를 편취하는 사례입니다.

병원 못지않게 보험사와 갈등을 빚는 곳이 있는데, 바로 한의원입니다. 한의원에도 '브로커'가 있다는 사실, 알고 계셨나요. 한 한의원은 실손보험으로 보장되지 않는 보신제 등을 환자에게 처방하고, 보험금 청구가 가능한 치료제로 허위 진료기록부를 작성하다 적발됐습니다. 실제 금감원에 적발된 브로커들은 한의원에 환자를 소개하고 매출액의 일부 또는 매월 수천만 원을 알선수수료로 받아온 것으로 나타났습니다. 이 과정에서 다수의 보험가입자들이 보험금을 받게 되는데, 이는 보험금 부당 편취로 분류돼 보험사기에 해당됩니다.

손보업계 vs 의료업계
"과잉진료 막아야"

이 같은 보험사기가 지속적으로 늘게 되면 가장 피해를 보는 곳은 어디일까요. 2023년 보험사기 전체 적발금액의 94.6퍼센트는 손해보험에서 발생했습니다. 허위입원이나 허위진단 등 상해나 질병 보험상품 관련 사기가 크게 증가하면서 손해보험, 특히 대다수의 국민이 가입하고 있는 실손보험 손해율은 크게 오를 수밖에 없겠죠. 실손보험 구조상 일부 가입자들이 보험금을 많이 받게 되면 전체 가입자들의 보험료가 오를 수밖에 없기 때문에, 보험사뿐만 아니라 선량한 가입자들의 피해 역시 눈덩이처럼 불어나게 되는 겁니다.

이렇다보니 손해보험사들과 의료계의 분쟁은 끊이질 않습니다.

최근에는 한방 과잉진료를 놓고 손해보험업계와 한의사 업계가 맞붙었습니다. 현재 정부는 한의원에서 교통사고 경상환자에 대한 첩약 처방일수를 기존 10일에서 5일로 축소하는 방안을 추진 중입니다. 과거 2013년 자동차보험진료수가 분쟁심의회에서 논의돼왔던 사안인데, 첩약 1회 최대

처방일수를 5일분으로 줄여 과도한 처방을 막고 자동차보험 가입자의 보험료 부담도 낮추기 위한 목적입니다.

하지만 한의사업계의 반발도 만만치 않습니다. 처방일수 축소는 결국 이익과 직결되기 때문이죠. 현재 두 업계는 각자의 주장을 펼치며 목소리를 높이고 있지만, 환자의 적정 진료를 위한 제도개선은 피할 수 없는 흐름으로 보입니다. 실제 자동차보험을 통해 환자에게 지급된 첩약 진료비는 2015년 약 1천억 원에서 2022년 2800억 원으로 3배 가까이 증가해 자동차보험료 인상의 주요 요인으로 작용하고 있습니다. 물론 이런 문제는 한의계뿐만은 아닐 겁니다. 그 대상이 어떤 것이든, 지나치고 과도한 것은 부작용이 있기 마련입니다.

보험사기를 신고하면 포상금이 있다는 것 알고 계셨나요. 금융당국은 보험사기 제보 활성화를 유도하기 위해 포상금 제도를 운영하고 있습니다. 특히 2023년부터는 기존 최대 10억 원이었던 보험사기 신고 포상금이 최대 20억 원으로 확대됐습니다. 보험사기 사례를 확인한 경우에는 금감원의 보험사기 전담부서나 인터넷 홈페이지 등을 통해 접수가 가능하고 각 보험사 홈페이지에서도 보험사기신고센터로 접속할 수 있습니다.

보험사기 적발추이

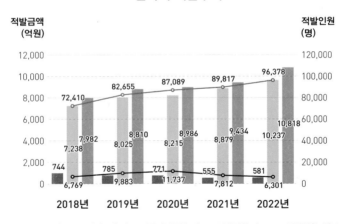

출처: 금융감독원

저축은행에서
돈 빼야 하나요?

'OK · 웰컴저축은행 부동산 프로젝트파이낸싱(PF)대출
1조 원대 결손 발생. 지급정지 예정. 잔액 모두 인출 요망'

2023년 금융권을 흔들었던 악성 지라시입니다. 가뜩이나 금융권 유동성 문제가 수면 위로 떠오르고 있는 상황에 해당 지라시는 금융소비자들의 불안을 더 키웠습니다. 다행히 해당 허위사실을 유포한 최초 작성자는 검거됐고, 저축은행들의 발빠른 대응으로 시장은 안정을 되찾은 모습입니다. 하지만 일각에선 여전히 "저축은행 정말 괜찮은 걸까?"

라는 의문이 제기됩니다. 저축은행에 정말 믿고 맡겨도 되는 걸까요?

1조 원 손실?
명백한 허위사실

팩트체크부터 해보겠습니다. 가장 눈에 띄는 건 '부동산 PF대출 1조 원대 결손 발생'입니다. 먼저 이 부분은 사실이 아닙니다. 2022년 말 기준 OK저축은행의 부동산PF대출 잔액은 1조 10억 원, 웰컴저축은행은 6743억 원입니다. 1조 원의 결손이 발생하려면 OK저축은행을 통해 돈을 빌린 사업장이 한꺼번에 망해야 하는데 그런 일은 발생하지 않았습니다. 심지어 웰컴저축은행의 부동산PF대출 잔액은 1조 원이 되지 않습니다.

두 저축은행의 이 기간 연체율은 OK의 경우 4.09퍼센트, 웰컴은 0.01퍼센트입니다. 부실채권으로 분류되는 고정이하여신은 OK 448억 원, 웰컴은 273억 원에 그칩니다. 두 저축은행의 공시를 조금만 살펴봐도 최근 유포된 지라시와 사실관계가 다르다는 것을 확인할 수 있습니다.

두 저축은행은 해당 지라시가 유포되자 곧바로 경찰에

고발, 허위사실 유포자를 검거했습니다. 저축은행중앙회는 "사실과 전혀 다른 내용인데다 유포자와 접촉한 결과 관련 내용에 대해 횡설수설하는 등 사실관계를 명확히 설명하지 못하고 있다"고 전했습니다. 이런 일을 벌인 명확한 이유는 아직 알려지지 않았으나, 결과적으로 업계의 파장은 상당했고 시장 불안을 더 키웠다는 지적이 제기됩니다.

김주현 금융위원장은 당시 간부회의에서 이와 관련해 "전 세계적으로 금융시장 불안요인이 존재하는 상황에서 악의적 유언비어의 유포는 금융시장의 불안과 금융회사의 건전성 등 국민경제에 큰 피해를 끼칠 우려가 있다"며 "향후 허위 악성루머 등 근거 없이 시장혼란을 유발할 수 있는 사례가 발생할 경우 허위사실 유포자에 대한 즉각 고발 등 법적조치를 포함해 적극 대응하겠다"고 말했습니다.

PF대출 연체율 오르지만…
"안정적인 수준"

그렇다면, 왜 하필 지난 2023년 불안을 키우는 악성 지라시가 유포됐을까요. 사실 2022년 급격한 금리 인상이 이뤄진 이후 금융권의 부동산PF대출 부실 우려는 꾸준히 제기돼 왔습니다. 금리 인상에 부동산 경기 악화, 원자재값 상승 등이 겹치면서 '분명히 망하는 사업장이 나올 것'이라는 관측이 금융권에서 지속적으로 제기됐습니다. 특히 저축은행의 경우 과거 부동산PF대출 부실로 촉발된 '저축은행 사태'가 있었던 만큼 저축은행에 대한 불안감이 더욱 커진 상황입니다.

실제로 부동산PF 연체액도 증가했습니다. 국내 자산규모 상위 5개 저축은행의 2022년 말 기준 부동산PF대출 연체액은 732억 원으로 전년(313억 원)보다 2배 이상 늘었습니다. 그중 OK저축은행의 연체율은 4.09퍼센트로 대형 저축은행들 중 수치가 가장 높은 만큼, 이번 악성 지라시의 대상이 됐을 것이란 추측도 나옵니다.

하지만 저축은행업계는 이 같은 우려를 '과도하다'고 평가합니다. 2022년 말 기준 저축은행업계 전체 부동산PF대출 연체율은 2퍼센트대 수준으로 전체 대출 연체율(3.4퍼센트)보다도 낮은 수준이고, 타업권에 비해 선순위 비중이 높고 비수도권 비중이 낮다는 설명입니다. 실제 연체율 상승에 대비하기 위해 저축은행들은 대손충당금을 쌓아두고 있습니다.

이 기간 OK저축은행의 대손충당금은 1조 1401억 원, 웰컴저축은행은 4701억 원을 쌓았습니다. 유동성 비율 역시 OK는 250.54퍼센트, 웰컴은 159.68퍼센트로 저축은행 감독규정에서 정한 규제 비율을 크게 상회합니다. 이와 관련해 금융당국과 저축은행중앙회는 "안정적인 수준"이라고 평가했습니다.

새마을금고
"예금보호에 전혀 문제 없어"

저축은행만큼이나 최근 부실 우려 대상으로 꼽히는 곳이 있는데, 바로 새마을금고입니다. 제2금융권의 건전성 문제가 불거지자 상호금융사로 분류되는 새마을금고도 자주 이름을 올립니다. 새마을금고의 평균 유동성 비율은 기준치인 100퍼센트를 상회하고 있으나, 금고별로 편차가 있어 안정성이 우려된다는 이유입니다.

이와 관련해선 새마을금고중앙회도 적극 대응에 나서고 있습니다. 중앙회 측은 "2023년 2월 말 기준 새마을금고의 유동성 비율은 평균 112.8퍼센트로 예금 지급에 대한 대비가 돼 있고 예금보호에 전혀 문제가 없다"고 입장을 밝혔습니다. 유동성 비율이 일부 100퍼센트 미만이라 하더라도,

새마을금고는 중앙회나 금고가 자체 보유 중인 상환준비금을 통해 즉시 유동성 공급이 가능하다는 설명입니다.

2023년 2월 말 기준 새마을금고중앙회가 보유한 상환준비금은 약 13조 1103억 원에 달합니다. 중앙회는 "새마을금고는 IMF 외환 위기 당시에도 공적자금을 받지 않은 유일한 기관"이라며 "예금자보호제도를 은행보다 먼저 법률에 의해 도입하는 등 안정적인 재무구조와 선진적인 고객보호제도를 갖추고 있다"고 전했습니다.

금융권은 물론 당국도 과도한 우려를 일축하고 있고, 수치상으로도 당장 큰 문제는 없어 보인다는 게 전문가들의 의견입니다. 다만 연체율이 잇따라 오르고 있는 것은 맞고, 지방 또는 소형 금융사를 시작으로 문제가 촉발될 수 있다는 우려는 여전히 제기되고 있는 만큼 예금자보호에 대한 금융소비자들의 관심은 높아질 수밖에 없습니다. 내가 돈을 맡긴 금융사는 안전한지, 건전성이나 유동성 비율이 궁금하다면? 은행이나 보험협회, 저축은행중앙회 홈페이지 공시란에서 각 사별로 분기별 수치 확인이 가능합니다.

과도한 우려로 이자 손해를 봐가면서까지 예금을 뺄 필요는 없지만 1인당 5천만 원까지 보장되는 예금자보호 한도에 맞춰 금융사별로 분류해 맡겨두는 방안도 전문가들은 추천합니다. 다만 최근에는 현행 5천만 원인 예금자보호 한도를 1억 원으로 상향하는 방안도 검토 중입니다. 이를 일시적으로 올리는 것이 아니라 5년마다 검토를 거쳐 조정하는 방안도 함께 논의되고 있습니다. 현재 여야 모두 예금보호 한도를 높이는 데 공감대를 형성하고 있는 만큼 추이를 지켜볼 필요가 있습니다.

5월 유독 찾는 이 상품…
70세도 가입 가능?

매년 5월 유통가만 분주하다? No.
유통가만큼이나 이곳도 분주하다!

가정의 달 5월이 찾아오면서 손님맞이에 분주한 곳, 바로 금융권입니다. 어린이날과 어버이날 아이와 부모님 선물 마련을 위해 백화점을 찾는 이들도 늘지만, 가족에게 선물할 '금융상품'을 찾는 수요 역시 급증하기 때문입니다. 이런 분위기에 따라 매년 5월 다양한 신상품과 혜택들도 쏟아지는데, 2022년 상품 트렌드는 어땠는지 살펴보겠습니다.

"과거 병력 있어도 모십니다"
유병자보험 뜬다

과거에는 고령자가 가입할 수 있는 보험상품이 사실상 없었죠. 보험사 입장에선 병원에 갈 일이 많은 고령자의 경우 '위험군'으로 보고 보험가입을 권유하지 않았습니다. 하지만 한국은 빠른 속도로 고령화가 이뤄지고 있고, 늘어난 노인 인구를 외면할 수 없는 상황에 놓이게 됩니다. 실제 오는 2025년 한국은 초고령사회(65세 이상 인구가 차지하는 비중이 20퍼센트 이상)에 진입할 것으로 전망되고 있습니다.

이에 보험사들은 고령층도 고객으로 확보하기 위해 다양한 보장을 탑재한 건강보험을 출시하기 시작합니다. 특히 과거 병력이 있는 유병자들도 가입할 수 있는 유병자보험 시장 경쟁에 돌입합니다. 2023년에는 중증 유병자뿐만 아니라 경증 유병자를 구분해 보장을 세분화한 보험까지 쏟아져 나왔습니다. 과거 병력이 있는 사람은 보험사 입장에서 보험금을 더 줘야할 가능성이 크지만, 의료기술 발달로 완치율 역시 높아지고 있는 만큼 놓칠 수 없는 시장이기도 한 겁니다.

물론 젊은층이 가입하는 일반 건강보험에 비해 유병자보험은 보험료가 비싸지만, 오히려 보장 사각지대를 해소했다는 긍정적 평가가 더 우세해 가정의 달 대표 '효(孝) 보험'으로 꼽히기도 합니다. 시장 경쟁이 치열해지자, 보장 역시 업그레이드됩니다. 특히 2023년에는 간편하게 몇 가지 고지 절차만 거치면 가입이 가능한 간편건강보험, 매달 든든한 간병비가 나오는 치매간병보험, 최초 1회만 가능했던 중대질환보장을 최대 3회까지 늘린 건강보험까지 보다 다양한 상품들이 출시됐습니다.

유병자보험, '3.3.5' 체크해야

"과거 수술한 이력이 있는데, 일반보험은 힘들 것 같고 유병자보험 가입이 가능할까요?"

실제 이런 질문을 던지는 분들이 많습니다. 유병자보험 가입 기준은 당연히 일반 건강보험과 다릅니다. 기준이 같다면 유병자보험에 가입할 수 있는 사람은 많지 않겠죠. 때문에 보험사들은 유병자들이 보다 간편하게 가입할 수 있도록 일반적으로 '3.3.5' 고지를 기준으로 내겁니다(보험사에 따라 '3.2.5', '3.5.5'로 불리기도 합니다).

'3.3.5' 고지란? '3'개월 내 의사 진찰이나 검사로 인한 수술 등의 필요 소견 여부, '3'년(2년 또는 5년) 내 입원이나 수술 이력 여부 '5'년 내 암 등의 중대질병 진단이나 입원, 수술 이력 여부를 묻는 고지사항을 의미합니다. 이 조건만 충족하면 가입이 가능하도록 한 것이 특징입니다.

최근에는 보다 많은 유병자들을 고객으로 흡수하기 위해 마지막 고지사항에서 암 여부만 확인하고 다른 중대질병에 대한 수술이력은 고지 없이 가입 가능한 간편보험도 출시됐습니다. 보험사 상품별로 세부기준이 다르니 가입 전 확인은 필수입니다.

유병자보험은 고령층만 가입 가능할까요? 어린이보험을 판매 중인 일부 보험사들은 가정의 달을 맞아 병력이 있는 어린이도 가입할 수 있는 유병자어린이보험을 출시하기도 했습니다. 질문사항을 3년 이내 중대질병 치료이력 여부 등 3가지로 간소화해 5세부터 30세까지 가입할 수 있게 했습니다. 만약 자녀가 병력이 있어 보험가입이 힘들다면, 아이를 위한 유병자보험도 고려할 수 있습니다.

무이자 할부가
자꾸 사라지는 이유

**"특정 업종이나 일부 가맹점의 경우 할부 이용 개월 수가
제한될 수 있습니다"**

최근 한 카드사가 안내한 공지글입니다. 분명히 이전에
는 24개월까지도 카드 할부가 가능하고, 일부 가맹점에서
2~3개월 무이자는 기본이었던 것 같은데, 날이 갈수록 혜
택이 점점 사라지는 느낌입니다. 카드사 홈페이지만 가도
'할인 프로모션 종료' '무이자 할부 종료' '부가서비스 변경
안내' 등의 혜택 종료 공지가 잇따르죠. 좋은 혜택 때문에

신용카드를 사용하는 건데, 카드사들은 왜 자꾸 혜택을 줄일까요?

혜택 좋은 카드
매년 100장씩 사라진다

혜택만 사라지는 게 아닙니다. 카드상품 자체가 사라지는 일도 이제는 비일비재하죠. 지난 2018년에는 100장, 2019년과 2020년에는 200여 장, 2021년에는 209장, 2022년에는 116장의 카드가 단종됐습니다. 매년 100여 장이 넘는 카드가 사라지는 겁니다.

그중에는 혜택이 좋은, 일명 '혜자카드'로 불리는 알짜카드들도 대거 포함돼 있습니다. 이 때문에 카드사용자들 사이에서는 '옛 카드가 좋은 카드'라는 말이 돌 정도입니다. 실제 할인폭이나 적립폭이 큰 카드, 다양한 가맹점에서 할인 혜택을 주는 카드들은 대부분 수명이 길지 않습니다.

제휴처와 제휴가 만료돼 관련 부가서비스가 종료되는 경우도 적지 않죠. 예를 들어 A 호텔에서 제공됐던 할인이나 적립서비스가 사라지는 대신 다른 서비스로 대체되는 경우도 있습니다(할인폭이 줄어드는 경우가 많습니다). 특히 신용카드의 대표 혜택 중 하나로 꼽혔던 '6개월 무이자 할부'는 최근 찾아보기가 어려운데, 이 혜택을 유지하고 있는 일부 카드사들도 기한은 2023년 말까지만 정하고 있습니다.

카드사도 돈 아낀다

가뜩이나 고물가로 돈 쓰기가 무서운데, 카드사들은 왜 자꾸 혜택을 줄여나가는 걸까요. 무이자 할부나 각종 할인 프로모션은 소비자가 지불해야 하는 금액 일부 또는 이자를 카드사나 가맹점이 지불하는 일종의 서비스입니다. 돈을 들여서라도 회원을 유치하는 전략인데, 문제는 카드사가 쓸 수 있는 돈이 점점 줄어든다는 점입니다.

2023년 3분기 기준 국내 8개 카드사의 순익은 7369억 원으로 지난해 같은 기간보다 15퍼센트 감소했습니다. 2023년 1~9월 누적 기준으로 봤을 때에도 전체 순익 2조781억 원으로 전년보다 11.7퍼센트 줄었습니다. 카드사들은 은행처럼 예금을 받는 수신 기능이 없기 때문에 채권을 통해 자금을 조달해오는데, 최근 이어진 고금리 여파로 채권금리가 가파르게 상승하면서 자금조달 비용이 크게 늘었기 때문입니다.

여기에 금융사들은 경제상황 악화로 대출금을 회수하지 못할 것을 대비해 대손충당금이라는 것을 쌓는데, 고금리의 카드론을 갚지 못하는 대출자들이 늘고 있는 만큼 카드사 입장에선 대손충당금 부담도 커지게 되는 겁니다. 이러한 요인들 때문에 국내 카드업계에서 높은 점유율을 차지하고 있는 대형 카드사들 모두 지난해보다 순익이 감소했습니다.

카드 혜택 더 줄어든다

과거부터 지속 줄여온 카드가맹점 수수료도 카드사들이 허리띠를 졸라매는 이유 중 하나입니다. 카드사들의 본업은 신용판매, 즉 가맹점 수수료를 통해 수익을 얻는 구조입니다. 여신전문금융업법에 따라 3년에 한 번씩 원가를 책정해 수수료율을 조정하는데, 가맹점 수수료는 소상공인과의 상생을 강조하는 정부의 압박에 사실상 '공공재'가 되면서 매년 인하돼왔습니다. 현재 전체 가맹점의 약 80퍼센트에 해당하는 영세가맹점은 0.5퍼센트라는 우대수수료율을 적용받고 있습니다.

이렇다보니 카드사들은 카드 본업 외에 신사업을 통해 수익을 끌려올려야 하는 상황이 됐습니다. 하지만 최근 너

도나도 뛰어들고 있는 플랫폼이나 마이데이터 사업 등은 아직 기업에게 '돈'을 가져다줄 만한 사업은 아닙니다. 결국 카드사 입장에서는 카드론이나 현금서비스 이자 수익을 놓칠 수가 없는데, 경제 상황이 점점 악화되고 있는 만큼 막무가내로 돈을 빌려줄 수도 없는 노릇입니다.

카드사 입장에서 비용을 절감할 수 있는 가장 좋은 방법은 결국 혜택 축소입니다. 소비자에게 카드 결제와 할부 결제 등 기본적인 기능만 제공하고 각종 할인과 적립, 무이자 프로모션 등을 줄이면 카드사들이 지출하는 비용이 당연히 줄어들겠죠. 문제는 이런 현상이 당분간 이어질 것이란 점입니다.

카드사 입장에선 비용이 많이 드는 부가서비스는 당장 줄여나가고 싶겠죠. 하지만 지난 2019년 이후 금융당국은 카드사들이 부가서비스 출시 후 3년 동안은 변경하지 못하도록 규정하고 있습니다. 그리고 부가서비스를 변경할 경우 기존 이용자들에게 6개월 전 통보를 하는 것이 원칙입니다. 때문에 최근에는 부가서비스 변경보다는 '카드 단종'이 더 늘고 있는 추세입니다. 카드사 입장에서 복잡한 절차를 거쳐 변경하는 것보다 아예 없애는 게 낫기 때문입니다.

단종예정인 카드들은 카드사별로 홈페이지나 앱에서 안내 공지를 통해 확인할 수 있습니다. 오랜 기간 사용하지 않아 확인이 불가능한 카드의 경우는 어떨까요? 내가 현재 보유한 카드들의 보다 정확한 정보를 확인하고 싶다면 어카운트인포 홈페이지나 여신금융협회 홈페이지 내 '내 카드 한눈에' 서비스를 통해 카드정보, 휴면여부, 잔여포인트 등까지 확인할 수 있습니다.

Chapter 4

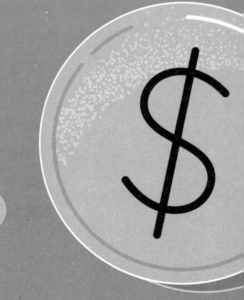

알아두면 쏠쏠한 보험 활용법

이것 모르면
보험금 못 받아요

연금보험, 연금 개시 이후엔 사망보험금이 따로 없다?

상품마다 보장범위가 달라 약관을 제대로 이해하지 않으면 너무나 어려운 보험상품. 하지만 현실적으로 일일이 보험약관을 살펴보고 가입하기는 쉽지 않죠. 이 때문에 보험금 청구와 관련해서는 매년 수많은 민원이 금융감독원에 접수되고 있습니다. 올 한 해 지속적으로 발생한 분쟁유형에는 어떤 것들이 있는지, 금감원이 최근 발표한 생명보험 관련 소비자 유의사항을 살펴보겠습니다.

연금보험은
살아 있을 때 연금보장이 주된 목적

A 씨의 아들은 연금보험에 가입해 연금을 받고 있던 어머니가 사망하자 보험금을 청구합니다. 그런데 수령금액이 예상보다 적어 금감원에 민원을 제기합니다. 신청인은 연금보험도 보험인 만큼 사망보험금을 받을 수 있다고 생각했으나, 보험사에서는 약관상 연금개시 전에만 사망을 보장하는 만큼 보험금을 지급할 수 없다는 답변이 돌아온 겁니다.

불안한 노후를 대비하기 위해 많은 사람들이 가입하는 연금보험. 연금보험의 주된 목적은 '살아 있을 때 연금보장'이라는 점을 알고 계셨나요. 연금보험은 연금개시 전에만 사망을 보장하며, 연금개시 이후에는 생존 시 연금을 보장하는 것이 원칙입니다.

연금보험에서 장해나 사망 등 연금 이외의 보장을 받기 위해서는 장해특약, 정기특약 등 별도의 특약에 가입해야 합니다. 단, 연금개시 후 사망하더라도 보험사는 약관에서 정하고 있는 보증기간(최소 5년) 동안 연금액을 지급하게 됩니다.

병력사실,
설계사에게 구두로만 이야기하면 끝?

B 씨는 건강보험에 가입하는 과정에서 보험설계사에게 과거 신장투석 경험을 알렸으나, 청약서상의 알릴 의무 사항에는 아무런 기재를 하지 않고 가입을 하게 됩니다. 이후 신부전증이 발생해 보험금을 청구했으나, 보험사는 알릴 의무 위반으로 보험계약을 해지하고 보험금 지급을 거절합니다.

이 사례는 보험 가입과정에서 정말 흔하게 발생하는 일입니다. 특히 지인 설계사를 통한 보험가입이 많은 국내 보험산업 특성상, "설계사에게 알렸는데 왜 알릴 의무 위반이냐"며 민원을 제기하는 사람들이 많습니다.

소비자가 보험에 가입할 때 보험설계사에게 구두로 이야기하면 정상적으로 회사에 고지했다고 생각하는 경우가 있으나, 청약서상 질문사항에 대해 질병·치료여부 등을 사실대로 기재하지 않으면 계약 전 알릴 의무 위반으로 보험계약이 해지되고, 관련 보험금이 지급되지 않을 수 있기 때문에 유의해야 합니다.

만약 보험설계사가 병력공지를 하지 못하도록 방해를 하는 등의 경우 고지의무 위반에 대한 책임이 보험사에 있다고 보고 손해배상책임을 물을 수 있으나, 다툼을 사전에 방지하기 위해서는 청약서에 사실대로 기재하는 것이 좋습니다.

암 진단확정 시기는
진단서 발급일이 아니다

암보험에 가입한 C 씨는 암 보장개시일 이후에 상급병원에서 췌장암이 기재된 진단서를 발급받아 보험사에 보험금을 청구했으나, 과거 1차 병원에서 시행한 조직검사에서 이미 암 진단확정을 받았으며 조직검사 결과보고일이 암 보장개시일 이전이라는 이유로 보험금을 받지 못합니다.

보험약관에서는 암 보장개시일 이후 암으로 진단확정됐을 때 보험금을 지급하도록 정하고 있습니다. 만약 약관에 '계약일로부터 그날을 포함해 90일이 지난 날의 다음날'이라고 기재돼 있다면 이 시점부터 보장이 가능하다는 의미입니다.

여기서 중요한 점은, 암의 진단확정 시점은 진단서 발급일이 아닌, '조직검사 결과 보고일'로 보고 있다는 점입니다. 조직검사 보고서에 기재된 결과보고일로 암 진단 확정일을 인정하고 있는 만큼, 조직검사 결과보고일이 암 보장개시일 이후라면 보험금을 지급받을 수 있습니다. 실제로 법원은 병원에서 조직검사를 실시해 암으로 조직검사 결과가 보고된 날짜를 암 진단확정 시기로 봐야 한다고 판시(서울서부지법 2002가합1543)한 사례가 있습니다.

보장이 너무 좋다는 설명에 약관도 제대로 확인하지 않은 채 보험에 가입하진 않았나요. 약관을 제대로 이해하지 못하고 가입한 경우 원하는 보장은 받지도 못하고 비싼 보험료만 날리게 되는 경우도 적지 않죠. 대부분의 보험상품은 중도해지할 경우 원금을 되돌려 받을 수 없기 때문에, 가입 초기 '청약 철회' 제도를 잘 활용해야 합니다.

청약 철회는 보험증권을 받은날로부터 15일 이내에 하도록 돼 있습니다. 만약 증권수령일과 관련해 보험사와 다툼이 있는 경우에는 보험사가 이를 입증하도록 하고 있습니다.

청약이 철회되면 보험사는 통지를 접수한 날부터 3영업일 이내에 계약자가 이미 납입한 보험료를 반환해줍니다. 만약 3영업일을 경과해 반환할 경우에는 보험계약대출 이율을 연 단위 복리로 계산해, 지체된 일수만큼 이자를 더해 반환해야 합니다.

보험사는 왜
의료자문 동의서를 들이밀까

"의료자문 동의 안 하시면 보험금 지급이 어렵습니다"

의료자문이란, 보험사가 보험금 지급 여부를 결정하는
과정에서 피보험자의 질환 또는 치료과정에 대해 해당 전문
의의 소견을 묻는 것을 말합니다.

최근 어린이보험을 둘러싼 의료자문 이슈가 뜨겁습니다.
발달지연 아동들이 크게 늘면서, 언어치료 또는 감각통합치
료 등 전반적인 발달 치료를 받는 어린이보험 가입자들 역
시 증가하고 있습니다. 하지만 일정 기간 치료보험금을 받

다보면, 보험사에선 어김없이 '의료자문 동의서'가 날아옵니다. 아동의 언어치료에 대해 보험금을 주는 것이 합당한지 보험사 자체적으로 의료자문을 하겠다는 의미입니다. 왜 보험사는 발달지연 아동들에게 의료자문을 요구할까요?

의료자문, F코드를 위한 수단?

만 6세인 A 씨의 자녀는 언어 지연으로 병원에서 언어치료를 받아왔습니다. 다행히 한 손해보험사의 어린이보험에 가입했던 덕에 치료보험금 도움을 받을 수 있었는데, 치료 3년 차가 지나자 보험사는 '1차 의료자문'을 요구합니다. 아동에 대한 치료보험금 지급이 합당한지 보험사와 제휴된 병원에서 의료자문을 받아야 한다는 내용인데, 이에 동의하지 않으면 보험금 지급이 더 이상 불가하다는 설명도 돌아옵니다.

결국 A 씨는 보험사의 의료자문에 동의했고, 의료자문 결과는 조음문제로 인한 장애(F코드)로 나왔습니다. F코드는 정신 및 행동장애(F04-F99)에 해당하는 코드입니다.

'장애'는 일반 지연과는 달리 치료가 불가능한 구조적 문제로 인식됩니다. 하지만 이 과정에서 A 씨의 아이는 언어치료 중 설유착증이 발견, 조음문제 해결을 위해 설소대 수술이 필요하다는 소견이 나와 수술을 하게 되고, 수술 후 결과적으로 조음수준이 상당히 향상됐다는 결과를 받게 됩니다.

대학병원에서도 아이의 조음 문제는 설유착증과 관련이 있다고 보고, 수술 후 개선된 언어검사지와 진단서를 발급해줬으나, 보험사에서는 여전히 1차 의료자문 결과만을 토대로 아이를 '장애'로 보고 치료보험금을 지급하지 않는 상태입니다.

보험사는 장애코드를 받은 가입자에게 보험금을 지급하지 않도록 하는 면책조항을 두고 있습니다. 쉽게 설명하면, "장애는 치료로 해결될 문제가 아니니, 치료보험금을 지급하는 것이 합당하지 않다"는 해석입니다. 그렇다면 보험사입장에서는, 수년째 치료보험금을 받아가는 아동들이 '치료보험금을 줄 필요 없는 장애'라는 것만 확인한다면 상당 규모의 보험금을 아낄 수 있게 되겠죠.

의료자문 거치면
결국 보험금 부지급

발달지연 아동들을 대상으로 한 의료자문은 꽤 오랜 기

간 논란이 돼왔습니다. "장애를 숨기고 보험금으로 치료를 받는 아동들이 있다"는 보험사의 주장과 "치료를 받을수록 아이는 효과를 본다"는 가입자들의 주장이 팽팽히 맞섭니다. 결국 의료자문은 "장애냐 아니냐"를 판별하는, 사실상 'F코드' 발급을 위한 하나의 장치로 전락했다고 가입자들은 토로합니다.

때문에 어린이보험 가입자들 사이에선 "의료자문에 절대 동의하면 안 된다"는 이야기가 돌 정도입니다. 보험사와 제휴된 병원에서 보험사의 의견에 반하는 진단이 나올 리 없다는 이유에서입니다. 실제 어린이보험 가입자인 B 씨의 아동은 서울대병원과 세브란스병원에서 각각 발달지연(R코드) 진단을 받았으나, 이 진단서도 보험사에는 효력이 없었습니다. 서류만으로 이뤄진 보험사의 의료자문에서 B 씨의 아이는 'F코드'를 받게 됩니다. B 씨는 해당 보험사에 F코드를 부여한 자문의에 대해 문의했지만, 보안상의 이유로 공개할 수 없다는 답변만 돌아왔습니다.

금융감독원과 보험협회는 보험사가 보험금 지급 심사 업무를 공정하고 투명하게 처리하도록 '의료자문 표준내부통제기준안'을 마련했습니다. 제3조(일반원칙) 3항에 따르면

"보험회사는 의료자문 결과만을 근거로 보험금 지급을 거절하거나 지연하여서는 아니 되며, 보험계약자 등이 제출한 의료기록 등을 바탕으로 공정하게 보험금 지급 심사 업무를 수행해야 함"이라고 명시돼 있습니다.

하지만 실제 의료자문을 거친 가입자들의 사례를 살펴보면, 기준안과는 상반되는 경우가 대다수입니다. 담당의사의 소견이나 진단서가 있어도 보험사들은 자체적으로 진행하는 의료자문을 통해서만 보험금 지급 여부를 결정합니다.

위 A 씨와 B 씨의 사례처럼 대학병원의 소견이 있는데도 불구하고 보험사의 의료자문 결과만을 이유로 보험금 지급을 보류하는 사례가 상당한 것이 현실입니다. 의료자문이 보험금 지급 중단을 위한 도구로 쓰인다는 가입자들의 설명이 그저 의혹으로만은 보기 힘든 이유입니다.

서류만으로 아동에게 '장애코드' 부여

보험금 지급 심사의 공정성을 따지기 위해 의료자문을 거치는 시스템 자체에는 문제가 있다고 보기 어렵습니다. 보험사 입장에서 봤을 때 과도한 보험금 지급이 이뤄지고 있다고 판단하면 제3의 기관에 공정한 심사를 맡기는 것도 당연합니다. 보험사 역시 수익성을 높여야 하는 '민간기업'이기 때문입니다. 최근 보험사기에 대한 우려 역시 높아지면서, "보험금은 꼭 필요한, 선량한 가입자에게 돌아가야 한다"는 게 보험사들의 설명입니다.

그렇다면 발달지연으로 치료를 받는 아동들은 '선량한 가입자'가 아닌 걸까요. 최근 언어치료를 받는 아동들을 대상으로만 의료자문이 집중적으로 이뤄지고 있다는 점, 보험사들이 자체 제휴한 의료기관을 통해서만 의료자문이 이뤄진다는 점, 발달지연을 겪고 있는 아동들을 대상으로 장애 여부를 판별하는 자문이 서류로 이뤄진다는 점에 대해선 논란의 여지가 많습니다.

특히 미취학 아동들의 발달 문제는 아동별로 편차가 크고 치료에 따른 효과도 천차만별이라 의료계에서조차 명확한 해답을 내리지 못한 난제로 남아 있죠. 가뜩이나 저출산으로 인구가 소멸되고 있는 국가에서 발달문제로 어려움을 겪고 있는 아동들이 치료기간이 길어진다는 이유로 모두 장애코드(F)를 받는다면 이 나라의 미래는 없을 겁니다.

물론 보험사도 마음이 편치만은 않을 겁니다. 대다수의

부모가 자신의 자녀가 발달지연일 것이라고 예상하지 못하듯, 보험사도 언어치료를 필요로 하는 가입자의 급증을 예상하지 못했기 때문입니다. 실제로 지난 2022년 5대 손해보험사에 청구된 발달지연 실손보험금은 1465억 원, 지난해의 경우엔 상반기 기준으로만 1700억 원을 넘어선 것으로 추정됩니다. 하지만 환경 변화와 여러 요인으로 인해 발달지연 아동의 수는 앞으로 더 증가할 것으로 전문가들은 전망하고 있습니다.

정부 개입 불가피…
사각지대 개선해야

발달지연 아동의 문제는 결국 단순 민원이 아닌 정부가 해결해야 할 사회적 문제입니다. 앞서 보험사가 발달 치료사의 자격을 놓고 문제 삼으면서 치료사의 국가자격화 문제도 논란이 된 바 있습니다. 결국 발달지연 가정 단체와 국회가 나서 보험사의 보험금 지급을 촉구했고, 현재는 강훈식 의원이 발달재활서비스 제공인력을 국가자격화하는 '장애인복지법 일부개정법률안'과 발달재활서비스 제공인력이 발달지연아동·발달장애아동을 치료할 수 있도록 하는 '장애아동 복지지원법 일부개정법률안'을 대표발의하면서 치료 사각지대에 대한 기대감이 커지고 있습니다.

결국 필요한 것은 발달지연 아동에 대한 국가의 주도적 치료, 복지체계입니다. 월평균 200만~300만 원에 달하는 치료비를 수년간 온전히 감당할 수 있는 가정이 몇이나 될까요. 보험사들조차 민간기업이 이 공백을 모두 채울 수 없다고 토로합니다. 치료가 필요하지만 가입한 보험으로도 도움을 받을 수 없다면, 정답은 근본적인 의료체계 개선과 국가적 지원입니다.

지금 이 순간에도 보험사와 다투고 있는 수많은 발달지연 가정의 아동들은 치료 기회를 박탈당하고 있습니다. 정상적으로 자랄 기회를 놓치고 있다는 의미입니다. 발달지연뿐만 아니라 실제 장애로 등록된 아동들조차 치료에 대한 국가 지원은 턱없이 부족한 실정입니다. 하루빨리 이 공백을 채우지 않으면, 수십만 명에 달하는 발달지연 아동 가정은 결국 보험사가 만든 '예비 보험사기범'으로 전락하게 될 전망입니다.

동파 피해 급증…
보험금 청구 하셨나요?

"매번 반복되는 동파… 이것도 보장되나요?"

2023년 2월 3일 10시, 평창 평지, 강원중부 산지에 한파 주의보가 발효되었습니다.

매서운 한파가 꽤 오랜 기간 이어질 때마다 주변에 '동파 피해'를 겪는 사람들이 늘어납니다. 최근까지도 주택은 물론 사업장에서도 피해가 급증하고 있다는 소식이 연이어 들려옵니다. 특히 서울시에서는 2022년 겨울 처음으로 수도 계량기 '동파 심각 단계'를 발령하기도 했죠. 동파나 누수의 경우 사고가 발생한 위치에 따라 피해 규모가 다르지만, 최대 수백만 원에 달하는 수리비가 발생할 수 있는 만큼 가계 부담이 커지는 항목 중 하나로 꼽힙니다. 부담스러운 수리비, 보험으로 보장받을 수 있는 방법은 없는 걸까요?

주택화재보험 '특약' 찾아라

동파로 인한 누수 피해, 가장 먼저 떠오르는 보험은 바로 '주택화재보험'입니다. 일반적으로 화재보험이라 하면 주택에 불이 났을 때 발생하는 재산상 피해를 보장해주는 보험으로 알려져 있죠. 대표적인 사고인 화재뿐만 아니라 침수, 벼락 등에 대한 피해도 보장 항목에 넣어 가입이 가능합니다.

만약 가입한 주택화재보험이 있다면, 보장 담보에 동파 피해를 보장해주는 특약이 포함돼 있는지 확인해야 합니다. 대표적인 특약은 '급배수설비누출손해'입니다. 실제 최근에 출시된 주택화재보험에는 이 특약이 포함돼 있어, 집에서 발생할 수 있는 각종 상해사고뿐만 아니라 동파로 보일러, 수도 배관 등 급배수시설이 파손됐을 때 손해액의 최대 90퍼센트까지 보장해줍니다.

화재보험뿐만 아니라 손해보험사들이 판매하고 있는 종

합보험에서도 해당 특약을 찾아볼 수 있습니다. 일반적으로 일상생활 중 발생할 수 있는 위험과 가정에 주로 발생하는 사고 등을 보장하는 생활 밀착형보험 등에 해당 특약이 포함돼 있는데, 각 상품별로 세부적인 보장내역은 다르나 누수에 따른 직접적인 손해, 동파나 노후로 인한 배관 피해 등을 가입 금액 내에서 보장받을 수 있습니다.

이웃집까지 피해를 줬을 경우 '일배책'

만약 거주 중인 주택 배수관이 얼어붙어 아랫집으로 물이 샜다면? 내 집에 대한 피해는 종합보험이나 화재보험 특약을 통해 보장받는다 해도 타인의 집까지 피해를 줬다면 상황은 달라지죠. 이 경우 내가 가입한 실손의료보험이나 운전자보험, 어린이보험 특약을 빠르게 찾아봅시다. 일상생활에서 우연한 사고로 타인에게 피해를 줬을 때 배상해주는 특약, 바로 '일상생활배상책임보험'입니다.

단독으로 판매되지 않고 실손이나 운전자보험 등에 특약 형태로 끼워서 판매되는 보험인데, 대부분 해당 특약을 보유하고 있으나 잘 알지 못해 써먹지 못하는 경우가 많습니다. 가입비용은 월 1천 원 안팎인데다 보장 범위가 꽤나 넓어서 가성비 좋은 특약으로 꼽힙니다.

이 특약을 활용하면 누수로 인한 아랫집에 대한 배상책임과 더불어 손해방지 비용을 보장받을 수 있습니다. 예를 들어 아파트 거주자의 집에서 누수가 발생해 아랫층까지 피해를 줬을 경우 아랫집의 천장 철거와 피해 벽지 및 장판 교체, 방수와 시멘트, 타일 등을 이용한 마감공사까지 해당 특약으로 배상해줄 수 있는 겁니다.

정확한 보상을 위해선 보험금 청구서뿐만 아니라 피해세대 수리 견적서와 영수증, 사고확인서, 누수 소견서 또는 확인서와 현장 사진 등의 서류를 미리 꼼꼼하게 챙겨둬야 합니다.

세놓은 주택에 누수 발생하면 '임대인배상책임'

다시 한번 정리하면, 급배수시설누출손해 특약으로 우리집에서 발생한 누수 피해를 보장받을 수 있고, 타인에 대해 손해를 입힌 경우엔 일상생활배상책임 특약으로 배상해줄 수 있습니다. 사실상 두 가지 담보를 모두 보유해야 내 집과 이웃집까지 완벽하게 누수 피해를 보상받을 수 있겠죠.

여기서 주의해야 할 점이 있습니다. 일상배상책임보험 특약은 '본인이 실제 거주하고 있는 집이 아니라면 보장이 되지 않는다'는 점입니다. 피보험자가 실제 살고 있는 주택만 보장이 된다는 의미입니다. 만약 내가 세놓은 주택에 발생한 누수로 아랫집에 손해를 끼쳤다면? 이때는 화재보험에 특약 형태로 있는 '임대인배상책임'을 활용할 수 있습니다.

물론 세입자가 세를 들어 사는 집에 대한 보험을 들어놨다면 해당 보험으로 혜택을 받을 수 있지만, 그렇지 않고 임대인이 직접 아랫집 수리비를 배상해야 하는 경우라면 '임대인배상책임' 특약이 필수입니다.

이 같은 특약들은 비교적 비싼 공사 관련 비용들을 보장하기 때문에 비교적 비용 책정범위가 깐깐한 편입니다. 예를 들어 베란다 바닥에서 물이 새 공사를 할 때, 누수와 관련 없는 벽면을 수리하는 경우 해당 비용은 인정되지 않습니다. 수리 시 주변 가구에 비닐이나 천을 덮는 등의 비용 역시 인정되지 않겠죠. 직접적인 손해방지 공사에 대한 비용만 보장된다는 점 기억해야 합니다.

한 가지 더, 이 같은 특약들은 두 개 이상 보험에 가입해 있더라도 중복 보상 받을 수 없습니다. 특히 일상생활배상책임보험의 경우 누수와 관련한 자기부담금이 있으니 꼭 사전에 확인해야 합니다.

보험가입 사실조차 잊은 치매환자, 보험금 청구는 어떻게?

보험계약자가 치매나 중병으로 의사를 표현할 능력이 결여돼 있다면, 보험금은 어떻게 청구할까?

최근 고령화가 빠른 속도로 진행되면서 본인을 위한 치매보험 또는 중대질병(CI)보험에 가입하는 금융소비자들이 늘고 있습니다. 나이가 들어 실제 치매가 걸리거나, 중대한 뇌졸중이나 암 등 질병에 걸리게 되면 치료에 필요한 비용은 물론이고 생활비 걱정까지 커질 수밖에 없는 만큼 미리 대비하는 차원에서일 겁니다. 그런데 만약 내가 치매가 걸려 보험에 가입했다는 것조차 까맣게 잊어버린다면? 병원에서 호흡기를 달고 누워 있어 거동이 힘든 상태라면? 대체 내 보험금은 어떻게 찾아야 할까요. 상상만 해도 눈앞이 깜깜해집니다.

'대리청구인 지정제도' 적극 활용해야

치매는 후천적으로 기억이나 언어, 판단력 등의 여러 영역의 인지기능이 감소해 일상생활을 제대로 수행하지 못하는 임상 증후군을 의미합니다. 당사자뿐만 아니라 가족들도 고통을 나눠야 하는 아주 힘든 질병으로 알려져 있죠. 2020년 기준으로 우리나라 65세 이상 인구 10명 중 1명이 치매를 앓는 것으로 집계됐습니다.

때문에 만약의 상황을 대비해 치매보험에 가입하는 사람들 역시 늘고 있는 추세입니다. 대부분 가입자의 목적은 '내가 치매에 걸렸을 때 우리가족이 더 힘들어지기 때문'일 겁니다. 최근 나온 치매보험의 경우엔 생활비와 더불어 간병에 대한 가족의 부담을 덜어질 수 있는 간병비 특약까지 더해져 수요가 더 높아지고 있습니다.

그렇다면 실제 치매가 발병했을 때, 내가 보험에 가입한 것조차 기억하지 못한다면? 기본적으로 보험금은 계약자 본인이 수령하는 것이 원칙입니다. 내가 보험금을 청구할 수 없는 상황이 된다면 어떻게 해야 할까요. 이 경우를 대비하기 위해 활용할 수 있는 것, 바로 '대리청구인 지정제도'입니다.

보험계약자가 치매나 중병 등 의사를 표현할 능력이 결여돼 보험금을 직접 청구할 수 없는 상황을 대비해 가족 등이 보험금을 대신 청구할 수 있도록 사전에 대리청구인을 지정하는 제도입니다. 보험금 청구 관련 분쟁을 방지하기 위해 계약자와 피보험자, 보험수익자가 동일한 보험계약만 대상으로 합니다.

대리인은 계약자의 주민등록상 배우자 또는 3촌 이내의 친족까지 가능합니다. 보험을 가입할 때 또는 보험기간 중 회사별 신청서류를 작성하거나 지정대리청구서비스 특약 가입을 통해 지정할 수 있습니다. 대리청구인 지정제도를 미리 활용하지 않으면 추후 실제 병에 걸렸을 때 보험금을 찾지 못하는 상황이 될 수 있으니 꼭 사전에 신청하는 것이 중요합니다.

대리청구인 지정 못 하면
법원까지

대리청구인 지정제도는 치매보험뿐만 아니라 중대질병 보험에도 똑같이 활용할 수 있습니다. 보험업계에선 이를 일명 CI보험이라고 일컫는데, CI보험은 중대한 뇌졸중, 중대한 급성심근경색, 중대한 암 등 피보험자가 치명적 질병 상태에 해당할 경우 보험금을 지급하는 보험입니다. 때문에 치매보험과 마찬가지로 보장대상에 해당할 경우 의식불명 등으로 의사능력이 없을 가능성이 큽니다.

만약 이 제도를 사전에 미처 알지 못하고 대리청구인을 지정하지 못했다면, 내 보험금은 어떻게 되는 걸까요. 실제 금융감독원에 접수된 민원사례를 알려드리겠습니다. 부산에 사는 박 모 씨의 아버지는 병세가 급격히 악화되더니 급기야 중대한 급성심근경색 진단을 받았습니다. 환자의 경우 산소호흡기를 부착했고, 거동이 어려운데다 병원비도 많이 드는 상황이라 박 모 씨는 아버지가 가입한 보험이 있는 지 찾아봤습니다.

마침 아버지가 A 보험사에 가입한 보험이 있었고, 중대한 질병에 해당될 경우 진단보험금 대상이 될 수 있다는 사실을 안 박 씨는 해당 보험사에 보험금을 청구했습니다. 하지만 보험사는 박 씨에게 "보험금을 청구할 권한이 없으니 정상적인 위임을 받아오라"고 통보합니다. 문제는 아버지의 병세가 악화돼 법적인 위임을 받기는 어려운 상황이라는 점입니다.

박 씨는 금감원에 민원을 제기했지만 금감원도 의사무능력자(환자)의 정당한 위임 없이는 법적 행위를 인정할 수 없었습니다.

결국 박씨는 가정법원에 성년후견개시심판청구를 통해 공식적인 법적 대리권을 얻어 보험금을 청구하는 절차를 거쳐야 했습니다. 법무법인 측은 "성년후견개시심판청구에 대한 법률 상담을 통해 성년후견개시심판청구부터 성년후견개시결정까지는 3~6개월의 시간이 소요, 인지대와 송달료 등과 같은 별도의 소송비용도 발생하게 된다"고 안내했습니다.

거동불가 예금주의
'예외 인출방안' 마련

이처럼 국내법은 의사무능력자의 금융자산을 타인이 함

부로 인출 또는 청구할 수 없도록 지정해놨습니다. 아무리 친족이라 하더라도 도덕적해이 가능성을 무시할 수 없기 때문입니다. 이런 사례는 보험금뿐만 아니라 은행 예금에도 해당됩니다.

예금주가 중대한 질병에 걸렸을 경우 가족 등이 예금주의 치료비 지급을 목적으로 예금을 인출하려면, 원칙상으로는 예금주가 직접 은행 영업점에 방문하거나 대리인이 위임장, 인감증명서 등을 소지할 경우에만 예금 인출을 허용합니다. 의식이 있더라도 거동이 불편하다면 사실상 위임장이나 인감증명서 등을 준비하기가 쉽지 않겠죠. 때문에 금감원에는 관련 민원도 꽤나 접수된 상황입니다.

이에 금융당국은 은행권과 함께 '거동이 불가한 예금주의 치료비 목적 예금 인출에 대한 절차'를 개선했습니다. 원칙적으로는 예금주 본인이 예금이 인출해야 하지만, 거동이 불편한 경우 '예금주의 치료비'를 목적으로 하는 경우에만 예외를 둔다는 게 골자입니다.

에외로 규정된 사항을 살펴볼까요. 예금주가 의식불명이라면, 지급가능 치료비가 기존에는 긴급한 수술비만 가능했으나 현재는 수술비와 입원비, 검사비 등 치료목적 비용으로까지 확대됐습니다. 과거에는 병원만 가능했던 대상 의료기관도 이제는 요양병원, 요양원까지 가능합니다.

　만약 예금주의 의식은 있으나 거동이 불가하고 가족이 존재한다면, 예금주 가족이 치료목적 비용으로 지급을 요청할 경우 위임장과 인감증명서 없이도 가능하도록 개선됐습니다. 다만 은행이 병원 등 의료기관에 직접 이체하는 방식으로 이뤄집니다. 이 같은 제도 개선으로 병상에 누워 있는 환자가 무리하게 직접 은행에 갈 일은 사라질 전망입니다.

위와 같은 사례는 모두 가족이 있을 경우를 가정한 상황입
니다. 만약 가족이 없다면 내 예금은 어떻게 찾아야 할까요?
이 경우도 '대리인'을 지정하는 방안을 활용해야 합니다. 현
행법상 내가 거동이 불편한 상태로 병원에 있다면, 대리인이
위임장과 인감증명서 등을 통해 본인의 대리의사를 서면으
로 확인, 예금 인출을 요구할 수 있습니다.

일부 불편함을 개선하기 위해 가족들을 대상으로 한 절차는
개선됐지만, 대리인을 통한 인출은 부정인출 가능성이 있기
때문에 현행대로 유지한다는 게 금융당국의 방침입니다. 다
만 일부 은행은 제한적인 경우에 한해 은행원이 병원을 직접
방문하는 등 지급근거를 자체적으로 마련해 불편을 최소화
한다는 계획입니다.

'이것' 챙겨서
떠나세요

"그동안 많이 참았다… 올해는 꼭 해외로!"

코로나19 팬데믹으로 억눌려 있던 여행수요가 폭발하면서 해외를 찾는 여행자가 늘고 있습니다. 여행을 떠나는 사람들이 늘어나자, 국내 보험시장도 상당히 분주합니다. 코로나19 기간 사실상 판매가 멈춰 있었던 여행자보험의 재정비가 필요한 시즌이기 때문입니다. 여행자를 잡기 위한 보험사들의 치열한 경쟁은 과연 어떤 상품들을 만들어 냈을까요.

여행자보험,
지난해보다 6배 넘게 팔렸다

2023년 상반기 주요 소비키워드는 역시나 '여행'입니다. BC카드가 국내 주요 소비업종의 매출을 분석한 결과에 따르면 올 상반기 운송과 숙박 등 여행 관련 매출은 전년 같은 기간보다 20퍼센트 증가했습니다. 코로나19가 대유행이었던 2020년 상반기와 비교했을 때 매출 증가율은 무려 46퍼센트에 달합니다.

올 여름 휴가철 해외여행을 고려 중인 사람도 크게 늘었습니다. 글로벌 결제기술기업 VISA가 국내 소비자들을 대상으로 실시한 해외여행 동향 조사에 따르면 2023년에 해외여행을 떠날 계획이 있다고 답한 비율은 전체 응답자의 55.1퍼센트로 지난해보다 8.7퍼센트포인트 증가했습니다. 선호하는 여행지로는 일본과 호주, 베트남 순이었습니다.

여행 수요가 늘어난 만큼 국내 보험사의 여행자보험 판매 건수도 크게 늘고 있습니다. 2023년 5월까지 국내 9개 손해보험사가 판매한 여행자보험은 65만 1509건으로 전년 같은 기간과 비교했을 때 6배 넘게 증가했고, 코로나19 시기인 2020년 한 해 팔렸던 규모(39만 5339건)를 훌쩍 뛰어넘

었습니다.

항공기 납치 보상에
보험료 환급 상품까지

여행 준비물 1호로 꼽히는 여행자보험. 여행자보험은 왜
가입해야 할까요? 여행자보험은 기본적으로 여행 중 발생
한 상해나 질병, 그에 따른 사망에 대한 보장을 해줍니다.
특히 해외여행을 가는 경우 예기치 못 한 사고가 발생할 수
있는 만큼 대비 차원에서 여행자보험 가입이 필수가 됐습
니다.

이렇다보니 최근 해외여행이 늘고 있는 상황에서 보험사
들 간의 여행자보험 경쟁은 불가피하겠죠. 기본적인 질병
이나 상해 보장 외에도 휴대품 손해, 배상책임, 항공기 납치
등 독특한 담보가 등장하기 시작합니다.

삼성화재는 항공기·수화물 지연과 결항 특약을 넣었습
니다. 입력된 항공편이 지연되면 지연사실을 안내해주고,
휴식과 식사 등 서비스가 가능한 해당 공항의 라운지를 이
용할 수 있도록 합니다. 또한 보험기간 중 강도나 절도로 인
해 발생한 도난이나 파손 등의 손해를 보장해 해외여행 중

비어 있는 집에 대한 걱정을 덜 수 있게 했습니다.

현대해상도 여행지에서의 의료비뿐만 아니라 여행 중 자택도난손해까지 보장해주기로 했습니다. 응급 시에는 24시간 우리말도움 서비스로 해외의료상담을 돕습니다. DB손해보험과 MG손해보험은 해외여행 중 탑승한 항공기가 납치돼 예정목적지에 도착할 수 없게 된 경우 보장해주는 특약도 신설했습니다.

KB손해보험과 NH농협손해보험은 여권을 분실했을 때 재발급하는 비용과 해외여행 중 특정감염병 보상, 항공기와 수하물 지연비용, 해외여행 중 식중독 등 새로운 담보를 추가했습니다.

이처럼 보험사들이 여행족을 유치하기 위해 다양한 특약을 만들어내자, 보험료를 되돌려주는 상품까지 등장합니다. 보험업계 후발주자인 카카오페이손해보험은 해외여행 중 사고없이 안전하게 돌아오면 보험료의 10퍼센트를 환급해주는 신개념 여행자보험을 출시해 판매 중입니다.

여행 전 온라인으로
'미리 가입해야'

최근 출시된 여행자보험의 특징은 대부분 앱에서 가입이 가능하다는 점입니다. 일반 자동차보험의 경우에도 대면채널을 통해 가입하는 것보다 온라인 채널인 '다이렉트'를 활용하는 것이 저렴하죠. 여행자보험도 마찬가지입니다. 특히 여행자보험은 기간이 짧은 단기상품인 만큼 보험상품 비교 서비스인 '보험다모아' 등의 웹사이트를 통해 원하는 보장을 선택해 보험료를 비교한 뒤 간편한 가입이 가능합니다.

여행 시기가 결정됐다면 '미리 가입하는 것이' 중요합니다. 보통 여행준비로 보험가입을 미뤄두다가 당일날 공항 출국장에서 부랴부랴 가입하는 경우들이 많은데, 이 경우 여행 첫날은 보장을 받지 못하게 되는 만큼 늦어도 출발 하루 전에는 꼭 체크해서 미리 가입해두는 것이 좋습니다.

여행자보험은 대부분 휴대품 손해 특약이 포함돼 있는데, 여행지에서 휴대전화나 태블릿 등이 파손되거나 도난당했을 때 보상이 가능합니다. 하지만 현금이나 신용카드 등 보상이 불가능한 항목이 있으니 여행자보험 가입 전 꼭 체크해야 합니다. 또한 휴대전화를 해외 여행지에서 잃어버렸

다면, 현지 경찰서에 들러 도난신고 확인서를 꼭 받아야 한
다는 점 잊지 말아야 합니다.

여행자보험 역시 어떤 특약을 추가하고 빼느냐, 한도 설정을 어떻게 하느냐에 따라 보험료가 달라집니다. 여기서 체크할 점, 국내 실손보험 가입자라면 국내 치료를 보장하는 특약은 제외해 보험료를 낮출 수 있습니다. 실손보험과 여행자보험은 중복으로 가입해도 실제 발생한 의료비만 나눠서 보장하기 때문에 무리하게 비싼 보험료를 내고 중복 가입할 필요가 없습니다.

해외여행	**국내여행**	**유학생보험**
해외여행 중 발생 가능한 상해, 질병, 배상책임손해를 보장하는 보험	국내여행 중 발생 가능한 상해, 질병, 배상책임손해를 보장하는 보험	해외장기체류 중 발생 가능한 상해, 질병, 배상책임손해를 보장하는 보험

출처: 보험다모아 홈페이지

태풍이 할퀴고 간 상처, 보상은 누가?

"태풍 때문에 생긴 피해, 어떻게 해야 하죠?"

 2023년 강한 비바람을 동반한 태풍 카눈(KHANUN)이 한반도를 휩쓸고 가면서, 일부 지역의 주택이나 상가 피해는 물론 농작물과 차량 피해까지 커졌습니다. 매년 태풍 대비책 마련에 총력을 기울이지만, 무시무시한 자연재해 앞에선 결국 속수무책입니다. 그렇다면 태풍이 지나간 자리에 생긴 피해는 누가 보상해줄까요?

자동차보험
'자차특약'으로 보상

태풍이나 폭우로 우려되는 가장 첫 번째 피해는 자동차입니다. 매년 태풍이 다가올 때마다 침수차가 대거 발생해 차주는 물론 보험사들도 애를 먹습니다. 실제로 2023년 7월 10일부터 11일 오전까지 태풍 카눈으로 인해 327대가 침수된 것으로 나타났습니다. 전월 충청지역에 쏟아진 폭우로 인한 침수차량은 1300대를 넘어선 바 있습니다.

금융당국과 손해보험업계는 태풍에 체계적으로 대응하기 위해 종합대응반을 구성했습니다. 대응반을 통해 침수예상지역을 현장순찰하고 침수가 우려되는 상황에서는 자동차 긴급견인 등의 조치를 취합니다. 일부 보험사들은 피해에 대한 복구를 지원하기 위해 비상대응체제를 가동해 긴급출동이나 침수차량 보상 관련 인력 등을 대거 확충, 신속하게 현장 투입하고 있습니다.

하지만 아무리 보험사에서 발 빠르게 움직여준다 해도 나의 재산상 피해는 불가피하겠죠. 자동차보험의 경우 자연재해에 따른 피해는 기본적으로 면책(보상에서 제외) 사항이긴 하지만, 일명 자차특약으로 불리는 '자기차량손해' 담보에 가입돼 있는 경우 사고 당시 차량가액 시가를 한도로 보상받을 수 있습니다. 자차보험은 자동차보험 중 보편화된 특약이라 10명 중 8명이 가입돼 있습니다.

다만 본인 귀책사유가 명백할 경우에는 보상이 제한됩니다. 창문이나 선루프를 개방해두거나 출입통제구역을 통행하다가 침수됐을 경우에는 자기차량손해 담보가 있더라도 보상이 제한될 수 있고, 차량 내에 보관해둔 물품은 보상되지 않습니다.

주택이나 건물 피해는 '풍수해보험'으로

폭우로 피해를 입은 집이나 상가, 공장 등의 재산상 보장은 정책성보험을 통해 가능합니다. 대표적인 것이 바로 '풍수해보험'이죠. 태풍이나 호우, 홍수, 강풍, 해일, 풍랑, 지진 등으로 인한 피해가 보상되는 보험입니다. 가입대상은 주택이나 아파트, 일반 건물이나 공장 등입니다. 정책성보험인 만큼 정부가 최소 70퍼센트를 부담하기 때문에 본인 부담도 상대적으로 적습니다.

다만 최근 집중호우 피해규모가 날로 커지는데, 풍수해

보험 가입자는 미미하다는 지적도 제기됩니다. 국회 강민국 의원실에 따르면 2023년 상반기 기준으로 풍수해보험 가입 대상인 소상공인 규모는 전체 61만 4367곳인데 반해 실제 풍수해보험 소상공인 가입 실적은 12만 8천 건에 그칩니다.

이렇다보니 금융사나 지자체 차원에서도 풍수해보험 지원에 적극 나서고 있습니다. 카카오페이는 중소벤처기업부와 손잡고 전국 소상공인들을 대상으로 풍수해보험 무료 가입 신청을 받고 있습니다. 전국 전통시장 상인이나 풍수해 위험에 취약한 지하 1층에 업장을 운영하는 소상공인들은 카카오페이가 지원하는 풍수해보험에 가입하면 정부지원금을 제외한 자기부담금 전액까지 지원받을 수 있습니다.

공짜보험인
'시민안전보험' 활용해야

가입한 보험이 전혀 없다면? 보험료를 내지 않아도 보장을 받을 수 있는 보험이 있습니다. 바로 지자체가 가입한 '시민안전보험'입니다. 시민안전보험은 서울시, 인천시 등 지자체가 시민들의 안전을 위해 가입한 보험으로 재난이나 사고로 입은 피해를 보장해줍니다.

별도로 가입할 필요없이 주민등록이 돼 있는 지역이 시민안전보험에 가입돼 있다면 해당 보험으로 '보험료를 내지 않고' 무료로 보장을 받을 수 있는 것이 특징입니다. 주민등록 소재지에 따라 자동가입이 되는 시스템입니다.

시민안전보험은 일상생활 중 생길 수 있는 다양한 사고를 보장하는데 화재나 대중교통, 강도, 자연재해, 스쿨존사고 보장이 대표적입니다. 지역마다 생활안전보험, 안전보험, 구민안전보험, 군민안전보험, 도민안전보험 등으로 불리기도 합니다. 다만 자동 가입이라고 해서 보험금도 자동으로 지급되는 건 아닙니다.

수익자가 반드시 청구해야 하고 3년 내 발생한 사고에 대해서만 청구할 수 있습니다. 각 지자체별로 다르긴 하지만 일반적으로 자연재해에 따른 사망이나 산사태·폭발·화재로 인한 사망 또는 후유장해 등을 최대 1천만 원에서 2천만 원까지 보장합니다.

금융권은 태풍피해를 지원하기 위해 별도의 금융 프로그램도 운영합니다. 태풍으로 인한 피해사실확인서를 지참하면 은행 대출의 최대 1퍼센트포인트의 특별금리감면이나 만기 연장 등을 지원받을 수 있으며, 보험료의 경우 일정기간 납입면제도 가능합니다. 카드사와 캐피탈사도 태풍 피해 고객들을 대상으로 최대 6개월간 상환 유예와 수수료 면제 혜택을 줍니다. 각 금융사별로 지원 프로그램이 다른 만큼 본인이 이용하는 금융사를 통해 지원 프로그램 세부내용을 확인한 후 이용하면 됩니다.

2023년 실시된 태풍 피해 금융지원프로그램

- **KB국민은행** 피해금액 범위 내 특별대출, 긴급 생활안정자금 최대 2천만 원, 기업대출 최고 1.0퍼센트포인트 특별우대금리, 3개월 이내 대출금 만기의 경우 최고 1.5퍼센트포인트 우대금리 적용해 기한 연장 등

- **신한은행** 중소기업·소상공인 대상 최대 5억 원 신규 여신 지원, 만기연장과 분할상환금 유예, 신규·만기 연장 시 최고 1.5퍼센트포인트 특별우대금리, 긴급생활안정자금 최대 5천만 원 지원 등

- **하나은행** 긴급생활안정자금 최대 5천만 원, 중소기업 대상 최대 5억 원 긴급경영안정자금대출 지원, 만기도래 시 원금상환 없이 최장 1년 만기연장, 분할 상환금 최장 6개월 상환 유예, 최고 1퍼센트포인트 대출금리 감면 등

- **우리은행** 소상공인·중소기업 대출금리 최고 1.5퍼센트포인트 감면, 분할상환 및 대출원리금 상환 최대 3개월 유예 대출만기 연장, 수출환어음 부도처리 유예기간 90일로 연장, 긴급생활자금 최대 2천만 원, 대출금리 최대 1퍼센트포인트 감면 등

'자동차보험 한방세트' 잘못 받으면…

"교통사고 환자세요?

먼저 침부터 맞고, 뜸도 뜨고, 약도 지어가세요"

최근 보험업계에서 골칫거리로 자리잡은 이른바 '한방세트'입니다. 한방병원에서 받을 수 있는 침술이나 뜸, 부항, 첩약, 추나 등 약 8가지 치료 중 6가지 이상을 한 번에 받는 것을 의미하는데, 문제는 이 한방세트를 '자동차보험 대인배상'으로 받는다는 점입니다. 말 그대로 교통사고 환자들을 대상으로 하는 거죠. 실제 한방세트 진료로 인한 자동차보험 손해율이 크게 악화되고 있다는데, 그 피해는 과연 누구에게 돌아갈까요.

차 보험 한방세트
5년새 4배 늘었다

교통사고 환자들이 한방병원으로 달려간다? 실제 그 비율은 국내 손해보험사에 청구된 자동차보험 청구액으로 확인할 수 있습니다.

손해보험협회에 따르면 전체 자동차보험 대인배상 부상 진료비 중 한방진료비는 2018년 7139억 원에서 2022년 1조 4636억 원으로 약 2배 증가했습니다. 반면 같은 기간 양방 진료비는 1조 2623억 원에서 1조 506억 원으로 줄었습니다.

문제는 과잉진료 논란의 중심에 있는 '한방세트'가 차지하는 비중이 크게 늘었다는 점입니다. 침술이나 뜸, 부항, 한방물리, 첩약, 약침, 추나, 온·냉경락 등 한방지료 중 다수의 처치(6가지 이상)가 하루 내원 환자에 동시에 시행되는 것을 의미합니다.

보험연구원에 따르면 자동차보험에서 한방세트 진료

비가 차지하는 비중이 2016년 36.6퍼센트에 불과했는데, 2022년에는 54.8퍼센트까지 올라 절반을 넘어섰습니다. 같은 기간 한방세트 진료비는 2027억 원에서 8천억 원으로 무려 4배나 증가했습니다.

한방세트 진료 대부분이 '경상환자'

여기서 한 가지 더 짚어볼 점이 있습니다. 과연 어떤 환자들이 한방병원을 방문해 세트청구를 하는 걸까요. 보험연구원에서 보험금으로 지급된 진료비를 분석해본 결과, 부상이 심각한 중상환자보다 경상환자들의 세트청구가 더 많은 것으로 나타났습니다.

타박상이나 염좌와 같은 경상을 입은 환자(12~14급)들이 지난 5년간 청구한 세트청구 진료비는 2조 8207억 원이었습니다. 같은 기간 중상환자가 청구한 세트청구 진료비의 경우 1926억 원으로 경상환자의 15분의 1 수준에 그쳤습니다.

또한 6가지 이상 진료 명목으로 세트청구를 한 중상환자의 건당 진료비는 평균 8만 1천 원으로 나타났고 경상환자의 경우 그보다 비싼 9만 9천 원대로 나타났습니다. 5년간 명세서 건수로만 봐도 경상환자는 901만 6천여 건, 중상환자는 88만 4천여 건으로 약 10배나 차이가 났습니다. 부상이 덜한 경상환자가 더 많은 진료를 받는 아이러니한 상황이 벌어지고 있는 겁니다.

보험금 누수,
선량한 가입자 피해로

경미한 교통사고가 났더라도 추후 발생할 수 있는 통증이나 합병증을 고려해 선제적으로 병원진료를 받는 것은 당연한 일입니다. 예방차원에서 여러 검사를 받을 수도 있고, 가벼운 타박상이라도 반드시 치료를 받아야겠죠. 하지만 과도하게 이뤄지는 진료는 언제나 논란거리입니다.

경상환자인데도 불구하고 한 번에 6가지 이상의 진료를 받는 한방세트 청구가 확대되면, 결국 자동차보험금 누수로 이어질 수밖에 없습니다. 보험금 누수 규모가 커질수록 자동차보험 손해율은 악화되고, 자칫 선량한 가입자들에게 '보험료 인상'이라는 피해로 돌아갈 수 있습니다.

전문가들은 이 같은 세트청구 증가의 원인을 '공급자 유인효과'로 보고 있습니다. 최근 한방병원이 크게 늘어나면서 경쟁으로 수익이 악화되자, 의사들이 진료 건수나 비용을 높이려는 유인에 주력하고 있다는 설명입니다. 실제 보험연구원에 따르면 지난 2017년부터 2022년까지 한의원은 1만 4111개에서 1만 4549개로, 한방병원은 312개에서 546개로 증가했습니다. 진료기관 수가 지속적으로 늘어날 것으로 전망되는 만큼 과도한 세트청구에 대한 대비책도 마련돼야 할 것으로 보입니다.

2024년 1월 보험사기 방지특별법 개정안이 국회를 통과했습니다. 개정안은 보험사기를 알선하거나 권유하는 행위를 금지할 뿐 아니라 보험사기로 유죄 확정 판결 시 편취한 보험금을 모두 반환하고 보험사기에 대해선 가중처벌하는 내용을 담고 있습니다. 최근 브로커가 보험사기에 가담할 가입자들을 모집해 한방병원에 허위입원시키는 사례도 적발됐는데, 보험금을 목적으로 하는 찜찜한 유혹(?)은 보험사기로 이어질 수 있는 만큼 가입자들의 주의가 필요합니다.

MZ세대를 위한
금융수업

📖 북오션 부동산 재테크 도서 목록 📖

부동산/재테크/창업

장인석 지음 | 17,500원
348쪽 | 152×224mm

롱텀 부동산 투자 58가지

이 책은 현재의 내 자금 규모로, 어떤 위치의 부동산을 언제 살 것인가에 대한 탁월한 분석을 펼쳐 보여 준다. 월세탈출, 전세탈출, 무주택자탈출을 꿈꾸는, 건물주가 되고 싶고, 꼬박꼬박 월세 받으며 여유로운 노후를 보내고 싶은 사람들을 위한 확실한 부동산 투자 지침서가 되기에 충분하다. 이 책은 실질금리 마이너스 시대를 사는 부동산 실수요자, 투자자 모두에게 현실적인 투자 원칙을 수립할 수 있도록 해줄 뿐 아니라 실제 구매와 투자에 있어서도 참고할 정보가 많다.

나창근 지음 | 15,000원
302쪽 | 152×224mm

나의 꿈, 꼬마빌딩 건물주 되기

'조물주 위에 건물주'라는 유행어가 있듯이 건물주는 누구나 한 번은 품어보는 달콤한 꿈이다. 자금이 없으면 건물주는 영원한 꿈일까? 저자는 현재와 미래의 부동산 흐름을 읽을 줄 아는 안목과 자기 자금력에 맞춘 전략, 꼬마빌딩을 관리할 줄 아는 노하우만 있으면 부족한 자금을 충분히 상쇄할 수 있다고 주장한다. 또한 액수별 투자전략과 빌딩 관리 노하우 그리고 건물주가 알아야 할 부동산지식을 알기 쉽게 설명한다.

박갑현 지음 | 14,500원
264쪽 | 152×224mm

월급쟁이들은 경매가 답이다
1,000만 원으로 시작해서 연금처럼 월급받는 투자 노하우

경매에 처음 도전하는 직장인의 눈높이에서 부동산 경매의 모든 것을 알기 쉽게 풀어낸다. 일상생활에서 부동산에 대한 감각을 기를 수 있는 방법에서부터 경매용어와 절차를 이해하기 쉽게 설명하며 각 과정에서 꼭 알아야 할 중요사항들을 살펴본다. 경매 종목 또한 주택, 업무용 부동산, 상가로 분류하여 각 종목별 장단점, '주택임대차보호법' 등 경매와 관련되어 파악하고 있어야 할 사항들도 꼼꼼하게 짚어준다.

나창근 지음 | 17,000원
332쪽 | 152×224mm

초저금리 시대에도 꼬박꼬박 월세 나오는
수익형 부동산

현재 (주)기림이엔씨 부설 리치부동산연구소 대표이사로 재직하고 있으며 [부동산TV], [MBN], [한국경제TV], [KBS] 등 방송에서 알기 쉬운 눈높이 설명으로 호평을 받은 저자는 부동산 트렌드의 변화와 흐름을 짚어주며 수익형 부동산의 종류별 특성과 투자노하우를 소개한다. 여유자금이 부족한 투자자도 전략적으로 투자할 수 있는 혜안을 얻을 수 있을 것이다.

김중근 지음 | 19,000원
280쪽 | 141×205mm

4000만 원으로 시작하는
부동산 경매 투자

이 책은 저자의 경험을 솔직하게 다 보여주는 가장 쉬운 부동산 경매 교과서다. 부동산경매 입문부터 소액 투자로 경매에 참가해 차츰 노하우가 쌓여가는 저자의 경험을 통해 경매 이야기를 쉽게 풀어준다. 경매로 10억 이상을 벌어 평범한 직장인에서 부동산 전업 투자자이자 중개인으로 변신한 저자의 경험이 내 집 마련과 부동산경매에 관심 있는 초보 투자자들에게 많은 도움이 될 것이다.

주식/금융투자

북오션의 주식/금융 투자부문의 도서에서 독자들은 주식투자 입문부터 실전 전문투자, 암호화폐 등 최신의 투자흐름까지 폭넓게 선택할 수 있습니다.

박병창 지음 | 19,000원
360쪽 | 172×235mm

주식투자
기본도 모르고 할 뻔했다

코로나 19로 경기가 위축되는데도 불구하고 저금리 기조가 계속되자 시중에 풀린 돈이 주식시장으로 몰리고 있다. 때 아닌 활황을 맞은 주식시장에 너나없이 뛰어들고 있는데, 과연 이들은 기본은 알고 있는 것일까? '삼프로TV', '쏠쏠TV'의 박병창 트레이더는 '기본 원칙' 없이 시작하는 주식 투자는 결국 손실로 이어짐을 잘 알고 있기에 이 책을 써야만 했다.

박병창 지음 | 18,000원
288쪽 | 172×235mm

현명한 당신의
주식투자 교과서

경력 23년차 트레이더이자 한때 스패큐라는 아이디로 주식투자 교육 전문가로 불리기도 한 저자는 "기본만으로 성공할 수 없지만, 기본 없이는 절대 성공할 수 없다"고 하며, 우리가 모르는 '기본'을 설명한다. 아마도 이 책을 보고 나면 '내가 이것도 몰랐다니' 하는 감탄사가 입에서 나올지도 모른다. 저자가 말해주는 세 가지 기본만 알면 어떤 상황에서도 주식투자를 할 수 있다.

최기운 지음 | 18,000원
424쪽 | 172×245mm

10만원으로 시작하는
주식투자

4차산업혁명 시대를 선도하는 기업의 주식은 어떤 것들이 있을까? 이제 이 책을 통해 초보투자자들은 기본적이고 다양한 기술적 분석을 익히고 그것을 바탕으로 향후 성장 유망한 기업에 투자할 수 있는 밝은 눈을 가진 성공한 가치투자자가 될 수 있다. 조금 더 지름길로 가고 싶다면 저자가 친절하게 가이드해준 몇몇 기업을 눈여겨보아도 좋다.

곽호열 지음 | 19,000원
244쪽 | 188×254mm

초보자를 실전 고수로 만드는
주가차트 완전정복

이 책은 주식 전문 블로그 〈달공이의 주식투자 노하우〉의 운영자 곽호열이 예리한 분석력과 세심한 코치로 입문하는 사람은 물론 중급자들이 놓치기 쉬운 기술적 분석을 다양하게 선보인다. 상승이 예상되는 관심 종목 분석과 차트를 통한 매수매도타이밍 포착, 수익과 손실에 따른 리스크 관리 및 대응방법 등 주식시장에서 이기는 노하우와 차트기술에 대해 안내한다.

근투생 김민후(김달호) 지음
16,000원 | 224쪽
172×235mm

삼성전자 주식을 알면
주식 투자의 길이 보인다

인기 유튜브 '근투생'의 주린이를 위한 투자 노하우. 국내 최초로 삼성전자 주식을 입체분석한 책이다. 삼성전자 주식은 이른바 '국민주식'이 되었다. 매년 꾸준히 놀라운 이익을 내고 있으며, 변화가 적고 꾸준히 상승할 것이라는 예상이 있기에, 이 책에서는 삼성전자 주식을 모델로 초보 투자자가 알아야 할 거의 모든 것을 설명한다.

유지윤 지음 | 25,000원
312쪽 | 172×235mm

하루 만에 수익 내는 데이트레이딩 3대 타법

주식 투자를 한다고 하면 다들 장기 투자나 가치 투자를 말하지만, 장기 투자와 다르게 단기 투자, 그중 데이트레이딩은 개인도 충분히 가능하다. 물론 쉽지는 않다. 구준한 노력과 연습이 있어야 한다. 하지만 가능하다는 것이 중요하고, 매일 수익을 낼 수 있다는 것이 중요하다. 그 방법을 이 책이 알려준다.

유지윤 지음 | 18,000원
264쪽 | 172×235mm

누구나 주식투자로 3개월에 1000만원 벌 수 있다

주식시장에서 은근슬쩍 돈을 버는 사람들이 있다. '3개월에 1000만 원' 정도를 목표로 정하고, 자신만의 투자법을 착실히 지키는 사람들이다. 3개월에 1000만 원이면 웬만한 사람들 월급이다. 대박을 노리지 않고, 딱 3개월에 1000만 원만 목표로 삼고, 그것에 맞는 투자 원칙만 지키면 가능하다. 이렇게 1000만 원을 벌고 나서 다음 단계로 점프해도 늦지 않는다.

터틀캠프 지음 | 25,000원
332쪽 | 172×235mm

캔들차트 매매법

초보자를 위한 기계적 분석과 함께 응용까지 배울 수 있도록 자세하게 캔들 중심으로 차트의 원리를 설명한다. 피상적인 차트 분석이 아니라 기계적으로 차트를 발굴해서 실전에서 활용하는 데 초점을 맞춘 가이드북이다. 열심히 공부하고 노력하여 자신만의 매매법을 확립해, 돈을 잃는 투자자에서 수익을 내는 투자자로 거듭날 계기가 될 것이다.

유지윤 지음 | 25,000원
240쪽 | 172×235mm

1000만 원으로 시작하는 데이트레이딩

적극적이고 다혈질인 한국인에게 딱 맞는 주식투자법, 바로 데이트레이딩이다. 초보자에게 상승장, 하락장뿐만 아니라 횡보장에서도 성공적인 데이트레이딩 전략을 제시한다. 매매 노하우와 스킬을 향상시켜 일상적인 수익 창출을 이끌어줄 것이다. 개인투자자로서의 마음가짐부터 안전하게 시작할 수 있는 꿀팁을 제공한다. 차트를 보면 돈 벌어줄 종목이 보인다!